DK EYEWITNESS WORKBOOKS
Insectos

Ben Hoare

Asesoramiento pedagógico
Linda B. Gambrell y Geraldine Taylor

Edición sénior Susan Reuben y Fleur Star
Edición Anuroop Sanwalia
Asistencia editorial Lisa Stock
Edición de arte Peter Laws y Tanisha Mandal
Biblioteca de imágenes DK Claire Bowers, Lucy Claxton, Rose Horridge, Myriam Megharbi y Romaine Werblow
Coordinación editorial Christine Stroyan y Shikha Kulkarni
Coordinación editorial de arte Anna Hall y Govind Mittal
Diseño de maqueta Dheeraj Arora, Anita Yadav
Producción editorial Tom Morse
Coordinación de producción Jude Crozier
Diseño de cubiertas sénior Suhita Dharamjit
Coordinación de diseño de cubiertas Sophia MTT
Coordinación de publicaciones Andrew Macintyre
Dirección de arte Karen Self
Dirección de publicaciones Jonathan Metcalf

Edición revisada y actualizada en 2020
Publicado originalmente en Gran Bretaña
en 2008 por Dorling Kindersley Limited,
DK, One Embassy Gardens, 8 Viaduct Gardens,
London, SW11 7BW

Parte de Penguin Random House

Título original: *Eyewitness Workbook Insects*
Primera edición 2020

Copyright © 2008, 2020 Dorling Kindersley Limited

© Traducción en español 2009, 2020
Dorling Kindersley Limited

Servicios editoriales: deleatur, s.l.
Traducción: Carmen G. Aragón

Todos los derechos reservados. Queda prohibida, salvo excepción prevista en la Ley, cualquier forma de reproducción, distribución, comunicación pública y transformación de esta obra sin contar con la autorización de los titulares de la propiedad intelectual.

ISBN: 978-0-7440-3536-0

Printed and bound in Canada

Para mentes curiosas
www.dkespañol.com

Contenido

4   Cómo utilizar este libro
5   Cuadro de progreso

Datos básicos

6   ¿Qué es un insecto?
7   El mundo de los insectos
8   Los insectos y sus sentidos
9   Los hábitats de los insectos
10   Reproducción
11   Ciclos biológicos
12   Comida y alimentación
13   Cómo se mueve un insecto

Actividades

- 14 El cuerpo de los insectos
- 15 Mantener el contacto
- 16 Desplazarse
- 17 Bocas hambrientas
- 18 Crecer
- 20 ¡El ataque de los insectos!
- 21 Defensas de los insectos
- 22 ¿Dónde viven los insectos?
- 23 Condiciones extremas
- 24 Insectos sociales
- 26 Mariposas y polillas
- 27 Moscas
- 28 Escarabajos
- 29 Chinches
- 30 Insectos útiles
- 32 Insectos dañinos
- 33 Insectos en peligro
- 34 ¿Quién es quién?
- 36 Los primeros insectos
- 37 Estudiar los insectos

Cuestionario

- 38 Partes del cuerpo y clasificación
- 39 Hábitats y nidos
- 40 Reproducción y ciclo biológico
- 41 Alimentación y defensa
- 42 Insectos en movimiento
- 43 Gente e insectos

- 44 **Soluciones de las actividades**
- 46 **Soluciones del cuestionario**
- 47 **Récords de los insectos**
- 48 **Insectos depredadores**

Para los padres

Cómo utilizar este libro

La colección de **Eyewitness Workbooks** ofrece una serie de títulos interesantes y atractivos sobre historia, ciencia y geografía. Concebidos y escritos bajo la supervisión de asesoras pedagógicas profesionales, estos libros pretenden:
- desarrollar sus conocimientos acerca de un tema importante;
- darles la oportunidad de ejercitar habilidades clave y reforzar su aprendizaje escolar;
- estimular su interés por los temas tratados.

Acerca de este libro

El libro Eyewitness sobre los **insectos** explora las características, las costumbres y los hábitats de los insectos. En su interior encontrarán:

Datos básicos

Esta sección presenta la información clave de manera concisa, cosa que permite procesarla, memorizarla y recordarla. Antes de realizar las actividades, animen a sus hijos a leer y estudiar primero la valiosa información que encontrarán en esta sección y al final del libro.

Actividades

Las divertidas actividades del libro pretenden desarrollar la memoria y la capacidad de relacionar la información de sus hijos. Todos los ejercicios se pueden completar con la información de la misma página, de la sección Datos básicos o de las dos últimas páginas del libro.

Cuestionario

Sus hijos podrán evaluar los nuevos conocimientos mediante seis páginas de preguntas. Es conveniente que los niños no contesten este cuestionario antes de completar todas las actividades.

Información importante

Uno de los padres deberá colaborar en la actividad del comedor para mariposas de la página 26. Asimismo, deberán asegurarse de que sus hijos no toquen ni agarren ningún insecto de los que reúnan para la actividad Caza de bichos de la página 37. Las demás actividades pueden realizarse sin supervisión.

CUADRO DE PROGRESO

A medida que vayas completando las Actividades y el Cuestionario, comprueba tus respuestas y a continuación colorea una estrella dorada en la casilla correspondiente.

Página	Tema	Estrella	Página	Tema	Estrella	Página	Tema	Estrella
14	El cuerpo de los insectos	☆	24	Insectos sociales	☆	34	¿Quién es quién?	☆
15	Mantener el contacto	☆	25	Insectos sociales	☆	35	¿Quién es quién?	☆
16	Desplazarse	☆	26	Mariposas y polillas	☆	36	Los primeros insectos	☆
17	Bocas hambrientas	☆	27	Moscas	☆	37	Estudiar los insectos	☆
18	Crecer	☆	28	Escarabajos	☆	38	Partes del cuerpo y clasificación	☆
19	Crecer	☆	29	Chinches	☆	39	Hábitats y nidos	☆
20	¡El ataque de los insectos!	☆	30	Insectos útiles	☆	40	Reproducción y ciclo biológico	☆
21	Defensas de los insectos	☆	31	Insectos útiles	☆	41	Alimentación y defensa	☆
22	¿Dónde viven los insectos?	☆	32	Insectos dañinos	☆	42	Insectos en movimiento	☆
23	Condiciones extremas	☆	33	Insectos en peligro	☆	43	Gente e insectos	☆

Datos básicos

¿Qué es un insecto?

El mundo está lleno de insectos que viven a nuestro alrededor, en la tierra, en el agua, en el aire, e incluso bajo tierra. Los hay de muchos tamaños y formas. Muchos son diminutos, pero el tamaño no es el mejor modo de determinar si un animal es un insecto. Hay muchos rasgos importantes que analizar, y esta página los explica todos.

Partes del cuerpo

Antena *Élitros* *Abdomen* *Ala posterior* *Tórax* *Cabeza*

Mariquita

Los insectos adultos siempre tienen tres pares de patas y sus cuerpos se dividen en tres partes: cabeza, tórax y abdomen. En la parte frontal de la cabeza tienen un par de tentáculos llamados antenas. Los insectos jóvenes son distintos de sus padres en su apariencia, pero al hacerse adultos cambian de forma.

Datos clave

- Las mandíbulas de insectos como los escarabajos se llaman así, mandíbulas.
- El abdomen de un insecto contiene su corazón, aparatos digestivo y excretor y sus órganos sexuales.
- Los insectos no tienen pulmones. Respiran a través de unos pequeños orificios llamados espiráculos. Cada espiráculo está unido a un tubo que lleva oxígeno al cuerpo.

Alas

Casi todos los insectos adultos tienen alas. En general, tienen cuatro, pero las moscas solo tienen dos. Las alas son muy finas y suelen ser transparentes; se puede ver a través de ellas. Los escarabajos son distintos; sus alas anteriores son gruesas y protegen las posteriores.

Datos clave

- Los insectos fueron los primeros animales con alas de la Tierra.
- Las alas están sujetas al tórax, o parte central del cuerpo, donde también están los poderosos músculos que necesitan para volar.
- Una red de finas líneas surca las alas. Son las venas, que transportan la sangre y dan fuerza a las alas.
- Cuando no vuelan, los escarabajos pliegan sus alas posteriores bajo los élitros, alas protectoras que suelen ser de brillantes colores.

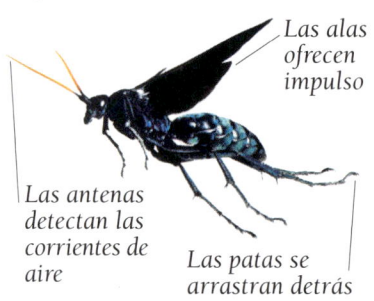

Las alas ofrecen impulso *Las antenas detectan las corrientes de aire* *Las patas se arrastran detrás*

Avispa cazadora de arañas en pleno vuelo

Patas y coraza

Todo insecto está cubierto por un caparazón externo llamado exoesqueleto que protege su cuerpo como una armadura. Sus patas constan de cuatro partes principales, con una articulación flexible entre cada una. La última acaba en una fuerte pinza.

Exoesqueleto

Escarabajo dorado

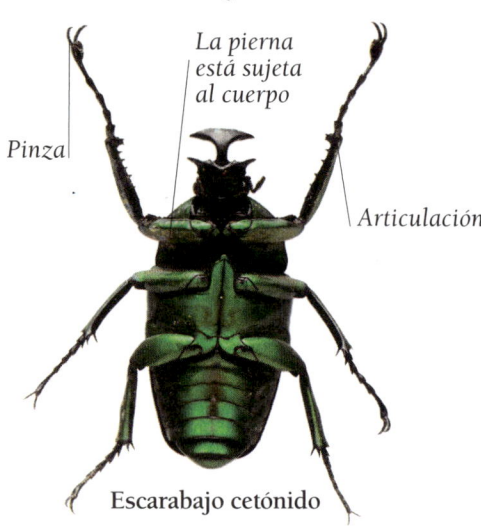

La pierna está sujeta al cuerpo *Pinza* *Articulación*

Escarabajo cetónido

Datos clave

- Las patas de un insecto se sujetan a la parte inferior del tórax.
- Los exoesqueletos son de quitina, la misma sustancia dura que forma los caparazones de los cangrejos.
- La superficie de los exoesqueletos está cubierta por una capa de cera impermeable que evita que pierdan agua y se deshidraten.
- Conforme un insecto crece, muda (cambia) de exoesqueleto en varias ocasiones, y forma cada vez uno nuevo y más grande.

El mundo de los insectos

Los insectos forman más de la mitad del total de especies de animales del planeta. Hay millones de clases distintas, desde bichitos más pequeños que un grano de arena hasta mariposas gigantes cuyas alas tienen una envergadura del tamaño de un plato. Todos son invertebrados, es decir, no tienen espina dorsal.

Datos básicos

Los artrópodos

Pata articulada

Araña

El exoesqueleto cubre el cuerpo entero

Escorpión

Cochinilla

Grupos de insectos

Cada especie de insecto pertenece a un grupo mayor, u orden, que contiene otros insectos con rasgos físicos similares. Por ejemplo, todos los insectos con dos alas forman parte del mismo grupo: las moscas. Además de su nombre común, cada grupo (orden) tiene un nombre científico en latín.

Datos clave

- Organizar las especies en grupos se llama clasificar.
- Hasta ahora los científicos han identificado más de un millón de especies. Muchos expertos creen que puede haber hasta 10 millones.
- Los escarabajos forman el mayor orden de insectos. Detrás van las mariposas y las polillas; y, a continuación, las moscas.

Nombre común	Nombre científico	Número de especies	
Hormigas, abejas y avispas	*Hymenoptera*	150 000	
Escarabajos y mariquitas	*Coleoptera*	400 000	
Mariposas y polillas	*Lepidoptera*	180 000	
Moscas	*Diptera*	160 000	
Chinches	*Hemiptera*	103 000	
Grillos y saltamontes	*Orthoptera*	25 000	
Caballitos del diablo y libélulas	*Odonata*	6000	

Un artrópodo es cualquier animal con las patas articuladas y un exoesqueleto. Los insectos son artrópodos, pero no todos los artrópodos son insectos. Algunos tipos de artrópodos son las arañas, las cochinillas, los escorpiones, los ciempiés y los milpiés. Todas estas criaturas comparten ciertas características que las diferencian de los insectos.

Datos clave

- A diferencia de los insectos, las arañas y los escorpiones tienen ocho patas, su cuerpo solo consta de dos partes principales y carecen de antenas y alas.
- Las cochinillas, con su duro caparazón, son parientes lejanas de los cangrejos y las langostas. Carecen de alas y suelen tener 14 patas.
- Los ciempiés tienen hasta 300 patas, y los milpiés hasta 750. ¡Son 375 pares!

Datos básicos

Los insectos y sus sentidos

Los insectos tienen sentidos que los humanos no compartimos, así que solo podemos imaginar cómo perciben el mundo. Casi todos tienen varios tipos de órganos del oído, la vista y el gusto, huelen minúsculos rastros de sustancias químicas y sienten las más mínimas vibraciones. Muchos ven la luz ultravioleta y los rayos infrarrojos, invisibles para nosotros.

Vista

Casi todos los insectos tienen un par de grandes ojos compuestos. Un ojo compuesto tiene muchas lentes en la superficie que encajan como las baldosas en el suelo. Cada lente enfoca la luz a través de un pequeño tubo que canaliza la información al cerebro.

Dibujo de los ojos de un tábano

Lentes de la superficie

Este corte transversal muestra los pequeños tubos

Datos clave

- Moscas, libélulas y mantis son los insectos con los ojos más grandes. ¡Pueden cubrir toda su cabeza!
- Muchos insectos tienen tres ojos simples llamados *ocelli* en lo alto de la cabeza. Estos detectan la luz pero no crean una imagen completa.
- Los insectos ven con menos detalle que nosotros, pero captan mejor el movimiento. Reaccionan al instante. Por eso es tan difícil matar una mosca.

Gusto y olfato

Para un insecto, los sabores y los olores suelen ser más importantes que la vista. Los insectos captan miles de señales químicas que ofrecen una fuente constante de información a su cerebro. Dichos datos les permiten comprender su entorno, encontrar comida y reconocer otros insectos.

Datos clave

- Los órganos del gusto y el olfato de los insectos se denominan quimiorreceptores. Se hallan en la boca, la cabeza, las patas y las antenas.
- Las antenas están repletas de minúsculos sensores que detectan leves olores que flotan en el aire.
- Los insectos tienen antenas largas y móviles que les ayudan a «saborear» el aire en todas direcciones.
- Algunas abejas, mariposas y polillas pueden oler el aroma de una flor a 5 km de distancia.

Antena flexible hecha de muchos segmentos

Cucaracha

Tacto y oído

Las antenas son el primer sistema de alarma

Escarabajo longicornio

Pelos de las patas

Pelos del cuerpo

Abejorro

Los insectos oyen y sienten con todo el cuerpo. Esto se debe a que están cubiertos de pelos sensitivos. Tienen pelo incluso en las patas y antenas, y en toda la cabeza. Dicho pelo responde al tacto, las vibraciones y las ondas de sonido que se desplazan por el aire. Además, casi todos los insectos tienen varios oídos, situados en el abdomen, las alas o las patas. Los insectos se guían por el sonido para hallar y atraer a sus parejas, así como para detectar a sus enemigos.

Datos clave

- Las antenas jamás están quietas; se mueven constantemente para tocar y explorar las superficies.
- Los grillos tienen oídos en las patas delanteras. Dicha ubicación es perfecta, pues les permite captar las vibraciones del suelo.
- Algunos insectos pueden oír sonidos agudos de hasta 200 kHz (kilohercios), cifra muy superior a la del alcance del oído humano.

Datos básicos

Los hábitats de los insectos

Hay insectos prácticamente en todos los rincones de la Tierra, desde los áridos desiertos hasta los picos nevados. Algunos viven en árboles o en el suelo, otros en cuevas o edificios, y muchos en agua dulce. Los abismos del océano son el único hábitat donde no pueden sobrevivir.

Plantas

Los hábitats abundantes en vegetación verde y frondosa, como los bosques y campos, albergan el mayor número de insectos. Los árboles y plantas con flores les ofrecen refugio y una gran variedad de comida, como hojas, semillas, fruta y néctar.

El néctar se produce en la base de la flor

Una mariposa se alimenta de néctar

Datos clave

- Los insectos viven en cualquier parte de la planta, hasta en las raíces.
- Las flores suelen recibir la visita de abejas y mariposas que quieren beber su néctar, dulce líquido que contiene mucha energía.
- En un bosque muchos insectos se esconden en las copas de los árboles o entre las hojas caídas.
- Las praderas son el hogar de muchísimos insectos, sobre todo hormigas, termitas y saltamontes.

Agua dulce

Lagos, estanques, pantanos, ríos y arroyos están llenos de insectos. Algunos jamás salen del agua; otros crecen en ella y luego se van volando a vivir a otra parte. Los insectos tienen varias formas de sobrevivir en el agua. Algunos nadan hasta la superficie para tomar aire, otros tienen un sistema para respirar bajo el agua, como los peces.

Datos clave

- Los escarabajos buceadores acumulan burbujas de aire bajo las alas para respirar bajo el agua.
- Las jóvenes libélulas, llamadas ninfas, respiran llenando de agua el abdomen para extraer oxígeno. Las adultas son insectos voladores.
- Los mosquitos nacen en el agua. Sus larvas (fase de crecimiento) respiran por un tubo que asoma por la superficie como un tubo de buceo.

Escarabajo acuático o buceador

Nidos

Los insectos son hábiles arquitectos que hacen asombrosos nidos para poner sus huevos y criar a sus crías. Un nido ofrece protección contra el clima y los depredadores. Algunos insectos construyen un sencillo nido solos. Otros, como las hormigas, termitas y abejas, construyen nidos complejos.

El aire caliente sale por arriba

Paredes de tierra endurecida

Termitero

Paredes finas como el papel

Orificio de entrada

Avispero

Datos clave

- El nido más simple es el agujero que hacen algunas avispas en el suelo.
- Muchas termitas hacen nidos de tierra en forma de torre, cuyas paredes se secan y endurecen al sol.
- Las termitas controlan la temperatura de su nido abriendo y cerrando agujeros de ventilación.
- Los nidos de avispas y abejas suelen tener un solo orificio de entrada, lo que facilita su protección.

Datos básicos

Reproducción

En comparación con muchos animales, casi todos los insectos tienen una vida corta y se reproducen muy deprisa. Algunos crían a las pocas horas de nacer y mueren poco después. La mayor parte procrea mediante reproducción sexual, es decir, que machos y hembras se aparean. Primero deben encontrar una pareja, luego se cortejan y finalmente la hembra pone los huevos.

El envío de señales

Los insectos tienen muchas formas de buscar pareja. Algunos despiden destellos de luz o producen sonidos, o bien hacen una danza de cortejo. Las mariposas y las polillas hembra desprenden un aroma; los machos siguen su rastro en el aire desde muy lejos y las encuentran.

Antenas plumosas

Polilla macho

Datos clave

- Los saltamontes macho frotan sus patas traseras contra sus alas para componer una canción de cortejo.
- De noche, las luciérnagas hembra hacen señas a los machos con destellos de luz característicos.
- Las polillas macho tienen largas antenas en forma de pluma para captar el aroma de las hembras.
- Las cigarras viven en zonas cálidas. Sus machos cantan con el abdomen para atraer a las hembras.

La rivalidad

La búsqueda de pareja es muy competitiva, pues son muchos los machos que tratan de aparearse. Muchos escarabajos macho tienen grandes mandíbulas para luchar con sus rivales. Los conocidos como ciervos volantes usan sus enormes mandíbulas en forma de pinza para levantar a sus oponentes y arrojarlos al suelo.

Datos clave

- Antes de luchar, el ciervo volante comprueba el tamaño y la fuerza de su adversario con las antenas.
- El que pierde rara vez muere, pero sus graves heridas quizá le impidan reproducirse.
- Otros machos que luchan por sus hembras son las libélulas, algunas abejas y los escarabajos rinoceronte.

Ciervos volantes macho en plena lucha

Grandes mandíbulas

Apareamiento

Apareamiento de un par de chinches de escudo verde

Para casi todos los insectos, el apareamiento dura solo unos segundos, pero los chinches y las libélulas pueden permanecer unidos durante varias horas. Al aparearse, el macho introduce su esperma en la hembra, y esta fertiliza con él los huevos dentro de su cuerpo. Ahí acaba el papel reproductor del macho. Algunos insectos hembra pueden criar mediante reproducción asexual, es decir, sin aparearse, como por ejemplo, los áfidos, una especie de minúsculos chinches que se alimentan de plantas.

Datos clave

- Algunos machos cortejan con regalos. Los de las moscas danzarinas bailan para las hembras y luego les dan a comer una pequeña mosca.
- La mantis religiosa hembra atrapa al macho y se lo come tras aparearse. De ese modo acumula energía para formar los huevos.
- Las moscas de Mayo adultas viven entre 30 minutos y 24 horas, lo suficiente para aparearse.

Ciclos biológicos

Casi todos los insectos nacen en forma de huevo. Al cabo de unos días o semanas de su puesta, el huevo se rompe y comienzan una nueva fase de crecimiento como larvas. Las larvas no se parecen en nada a sus padres. El complejo proceso mediante el que una larva se convierte en un insecto adulto se conoce como «metamorfosis», palabra que significa cambiar de forma y aspecto.

Cambiar de forma

Muchos insectos se convierten en adultos mediante una metamorfosis. La larva se alimenta y crece durante un período que puede ir de unas semanas a unos años. Luego entra en un estado de letargo llamado crisálida, durante la cual su cuerpo se transforma en el de un adulto.

Datos clave

- Los insectos que sufren metamorfosis completas son: mariposas y polillas; escarabajos y mariquitas; moscas; pulgas, abejas, avispas y hormigas.
- La larva no suele tener alas, pero el insecto adulto sí.
- Las larvas de polillas y mariposas se llaman «orugas»; las de escarabajo, «larvas», y las de mosca «gusanos».

Datos básicos

Crecer

La larva de los chinches y otros insectos se transforma en adulto de modo gradual, no sufre un gran cambio como la oruga cuando se convierte en crisálida (fase pupa). En vez de eso, la larva crece a un ritmo constante y muda su exoesqueleto de forma regular. Cada vez que desarrolla un exoesqueleto, su cuerpo cambia un poco. Este proceso se conoce como metamorfosis incompleta.

Chinche hembra de escudo verde con sus crías

Las crías se apiñan alrededor de la madre

Datos clave

- Los insectos que se desarrollan mediante metamorfosis incompleta son: grillos y saltamontes; libélulas; termitas; cucarachas y chinches.
- La larva de dichos insectos se llama ninfa y es una versión en miniatura de sus padres, pero sin alas.
- Los áfidos son chinches que no ponen huevo, sino que dan a luz a sus crías.

Ciclo biológico de la mariposa cola de golondrina

Huevo sujeto al tallo de la hoja

1. Huevo

Cuerpo grueso con muchas patitas

2. Oruga

La pupa crisálida parece una hoja seca

3. Crisálida o pupa

Adulta saliendo de su crisálida

Vieja piel de la pupa

4. Mariposa

Datos básicos

Comida y alimentación

Los insectos comen casi de todo, motivo por el que son consideradas como las criaturas con más éxito de la Tierra. Entre las cosas que comen se incluyen plantas, otros insectos, arañas, sangre, restos de animales muertos, papel, madera y hasta ropa. Algunos solo comen una o dos cosas, pero otros tienen una dieta muy variada. La forma de su boca ofrece una pista sobre lo que comen.

Succionar y perforar

Boca punzante — *Tábano*

Áfidos bebiendo savia

Ninfa

Muchos insectos tienen mandíbulas en forma de afiladas agujas, esponjas o largos tubos succionadores, con bocas adaptadas para sorber líquidos como néctar, sangre o savia (el fluido dulce que hay dentro de los tallos de las plantas). Las moscas comunes se alimentan de sobras y de comida en descomposición, pero antes de tragar sus alimentos los cubren de saliva y recogen el líquido resultante con sus bocas en forma de esponja.

Datos clave

- Los insectos que beben sangre, como el tábano y el mosquito, tienen bocas afiladas que perforan la piel.
- Las polillas y mariposas sorben el néctar con una larga lengua llamada probóscide. Cuando no la usan, la guardan enrollada.

Masticar plantas

Muchos insectos tienen mandíbulas adaptadas para masticar alimentos. Estas tienen bordes afilados y cortantes que convierten la comida en una masa pegajosa que pueden tragar con facilidad. Los insectos con estas mandíbulas comen sobre todo plantas, y entre ellos se cuentan las orugas, los saltamontes, los grillos y muchas larvas de escarabajo.

Datos clave

- Las orugas son máquinas de tragar que devoran hojas. Empiezan por el borde y avanzan hacia el interior hasta que dejan los tallos pelados.
- Muchas orugas y larvas de escarabajo se alimentan de cosechas y son verdaderas plagas para los cultivos.
- Los insectos que comen hojas tienen bacterias en sus intestinos que digieren su comida.

Fuerte boca para masticar

Oruga devorando una hoja

Morder presas

Mantis religiosa comiendo una mosca

Fuertes patas delanteras para agarrar a su presa

Los insectos depredadores cazan y despedazan a sus presas, por eso tienen las mandíbulas más fuertes. Los escarabajos carnívoros (que comen carne) tienen dientes muy grandes que sobresalen de su boca y usan como tijeras. Con ellos matan a animales mayores que ellos, como orugas y peces.

Datos clave

- Muchos insectos depredadores solo comen con sus mandíbulas, pero las mantis sujetan a sus presas con las patas delanteras mientras las devoran.
- Las larvas de libélula lanzan sus mandíbulas articuladas como un arpón para cazar a sus presas.

Datos básicos

Cómo se mueve un insecto

Si los insectos fueran tan grandes como los humanos batirían toda clase de récords deportivos. Correrían, saltarían, nadarían y escalarían mucho más rápido y más lejos que nosotros. Los insectos pesan poco, por lo que aceleran con rapidez y son muy ágiles, y sus seis patas les permiten asirse fuerte y colgar boca abajo. Además, son unos de los mejores acróbatas del aire del mundo animal.

Cavar y saltar

Muchos insectos solo saltan para huir de sus enemigos, pero para otros, como los saltamontes, grillos y pulgas, el salto es su principal forma de moverse. Algunas larvas de escarabajo anidan en troncos de árboles; con sus fuertes mandíbulas, cavan túneles en la madera.

Volar

Las alas de los insectos son ligeras pero fuertes, lo cual es una perfecta combinación para un vuelo eficaz. Los poderosos músculos que usan para volar mueven las alas arriba y abajo miles de veces por minuto, por eso parecen borrosas. Los insectos suelen ser espléndidos voladores, salvo los escarabajos más pesados, a los que les cuesta despegar.

Datos clave

- Las libélulas son los insectos voladores más veloces (55 km/h).
- Los músculos para volar funcionan mejor si están calientes. Por eso en los días soleados los insectos están más activos.
- Las moscas abren sus alas en una fracción de segundo, por lo que despegan casi al instante.

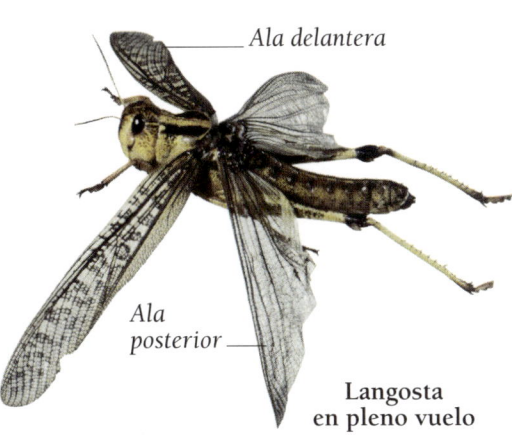

Ala delantera

Ala posterior

Langosta en pleno vuelo

Nadar

Garapito

Moverse en el agua es más difícil que hacerlo en el aire, pero los insectos acuáticos han inventado muchas soluciones para paliar ese problema. Muchos tienen patas anchas y planas que usan como pedales o remos. El garapito nada de espaldas y se pasa la vida del revés. Los zapateros o chinches patinadores, en cambio, tienen patas largas y delgadas con las que se deslizan por la superficie del agua.

Datos clave

- Los escarabajos y chinches acuáticos no caminan sobre la tierra. Para ir a otro estanque, lago o río, vuelan.
- Las patas de los insectos acuáticos acaban en largos pelos que les ayudan a propulsarse en el agua.
- Las larvas de mosquito no tienen patas. Nadan moviéndose de lado a lado.

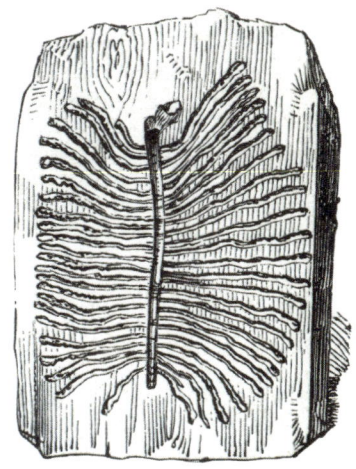

Túneles de larva de escarabajo

Pulga

Fuertes y largas patas traseras

Datos clave

- Los insectos saltarines, como las pulgas, tienen largas y fuertes patas traseras que los lanzan al aire. Las pulgas saltan sobre animales para chupar su sangre.
- Una diminuta pulga puede saltar hasta 30 cm en el aire; es como si una persona saltara 7,5 m.
- Los «gusanos de la madera» son larvas de escarabajo que perforan la madera.

13

Actividades

El cuerpo de los insectos

El cuerpo de los insectos adultos se compone de los mismos bloques básicos. Estos son un esqueleto externo duro, un tronco dividido en tres partes, un par de antenas y tres pares de patas articuladas. Los insectos son, además, los únicos artrópodos con alas. Su sangre, de color amarillo verdoso o incolora, fluye por los espacios vacíos que rodean su cuerpo y no a través de una red de vasos sanguíneos.

Las libélulas pueden mover sus cuatro alas en distintas direcciones a la vez, lo que las convierte en acróbatas.

Las partes de un escarabajo

Este escarabajo longicornio se ha dividido para mostrar su estructura. Escribe las partes de su cuerpo usando como guía la información de esta página y la página 6. Elige entre:

pata trasera	tórax	ala posterior	cabeza	pata central
élitro	mandíbula	abdomen	pata delantera	antena

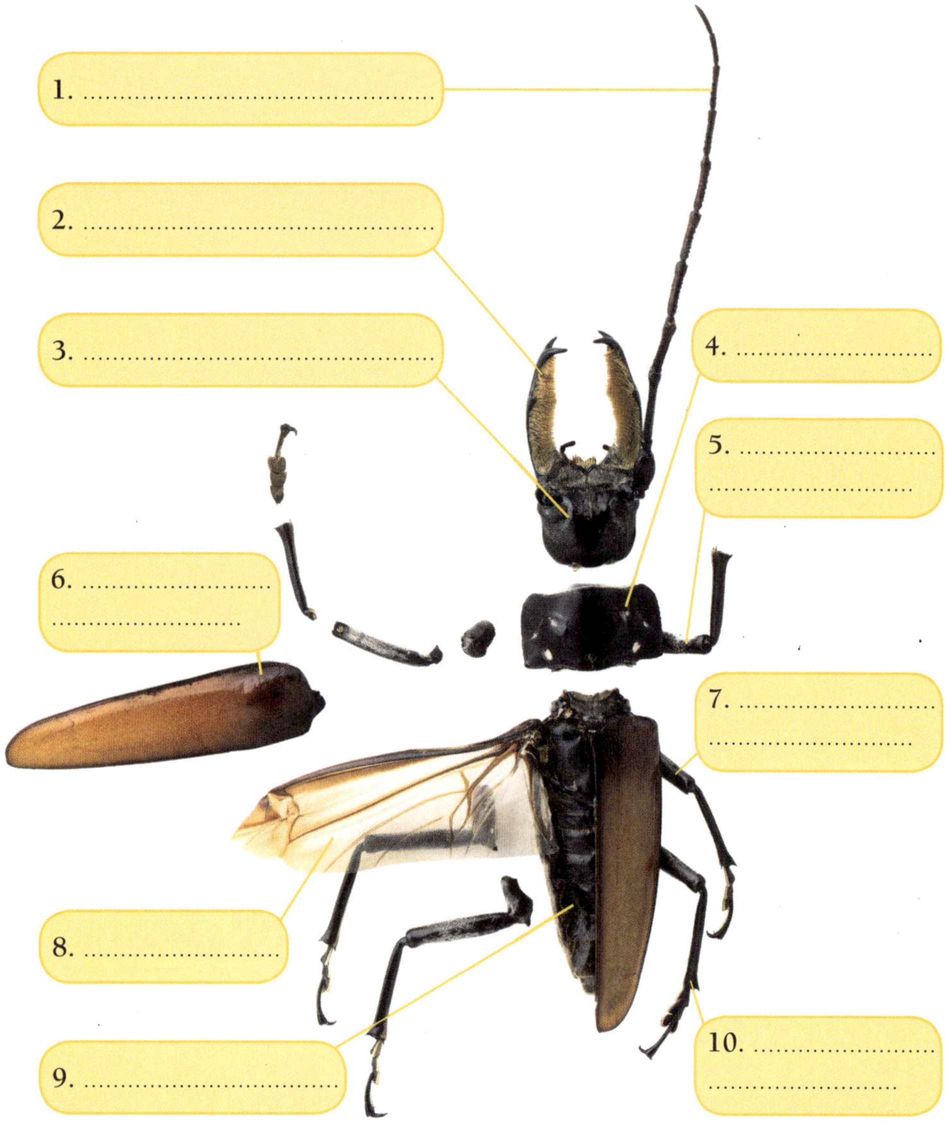

1. ....
2. ....
3. ....
4. ....
5. ....
6. ....
7. ....
8. ....
9. ....
10. ....

Dobles de insectos

Todos los animales que se muestran abajo son artrópodos, pero solo algunos son insectos. Observa cada figura con atención y emplea la información de esta página y de la página 7 para marcar con una x las casillas de los insectos.

1. Polilla ☐

2. Ciempiés ☐

☐ 3. Araña

4. Gorgojo ☐

☐ 5. Mosca

Mantener el contacto

Los órganos de los sentidos de los insectos son enormes en comparación con el resto de su cuerpo. Si los insectos fueran del tamaño de los humanos, algunos tendrían antenas tan largas como tacos de billar y ojos como pelotas de fútbol. Sus cerebros pueden ser más pequeños que el punto final de esta frase, pero procesan un flujo constante de información sobre imágenes, sabores, olores, vibraciones y sonidos.

Actividades

¿Sabías que...?

Un saltamontes tiene cinco pares de oídos a cada lado del abdomen. Algunas especies oyen sonidos a 1 km de distancia.

Saltamontes

¡Avispa en alerta!

Lee la siguiente información sobre cómo una avispa se mantiene alerta ante su entorno. Tras observar la ilustración, completa los espacios en blanco. La información de la página 8 te servirá de ayuda. Elige entre las siguientes palabras:

ojo compuesto   antenas   lentes   pelos   ojos simples

La avispa común europea usa su par de .... para detectar olores en el aire. A cada lado de su cabeza hay un gran .... que abarca desde la mandíbula hasta la frente. Esta compleja estructura se compone de miles de minúsculas .... En lo alto de la cabeza de la avispa hay tres ...., también llamados *ocelli*, que no ven las cosas con detalle pero detectan cambios de luz. Casi toda la cabeza de la avispa está cubierta con .... sensibles que perciben hasta la menor de las vibraciones.

Detectar el mundo

Estas ilustraciones muestran algunos de los muchos tipos de antenas que tienen los insectos. Lee las frases de abajo y escribe en la casilla la letra de la imagen que describen.

☐ 1. Cuando se ven de cerca, las antenas de las polillas macho parecen plumas con una vara central y decenas de pequeñas ramitas peludas a los lados.

☐ 2. Las mariposas tienen finas antenas con la punta redonda.

☐ 3. Las langostas tienen antenas nervudas parecidas a las de una radio.

☐ 4. Algunos escarabajos tienen enormes antenas en forma de astas que se ramifican a su vez en muchos sensores.

☐ 5. Las hormigas se transmiten información con las antenas. Mediante distintas sustancias químicas se mandan señales.

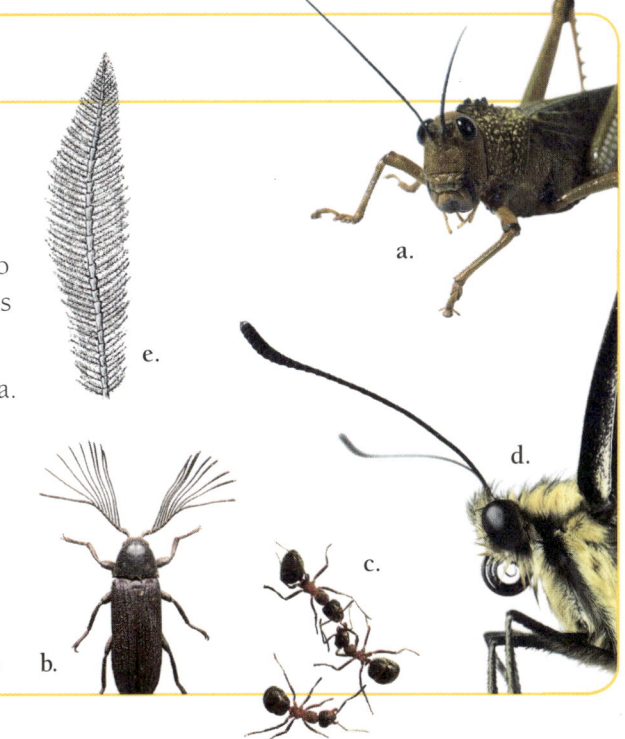

15

Actividades

Desplazarse

Los insectos son atletas soberbios capaces de hacer trucos increíbles. Escalan láminas de cristal, vuelan hacia atrás, saltan hasta 40 veces su tamaño y cruzan océanos volando. Incluso siguen moviéndose después de que un depredador les haya arrancado la cabeza, pues tienen «minicerebros» que controlan distintas partes de su cuerpo.

¿Sabías que...?

Para huir de un ataque, un saltamontes puede dar un salto de 2 m en el aire con el impulso de sus musculosas patas traseras.

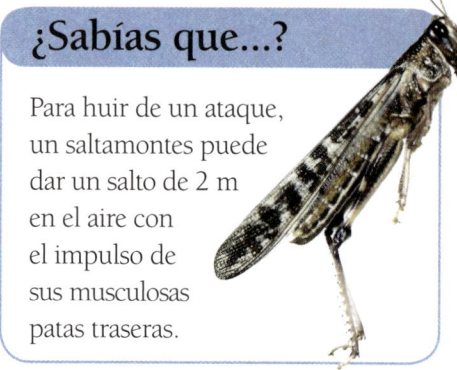

¡El despegue!

Une con líneas las leyendas con las diferentes partes de este abejorro común, que se fotografió en el aire nada más despegar. Usa como ayuda la información de la página 6.

1. Los élitros se abren para dar mayor estabilidad en el aire.

2. Al batir sus alas se da impulso para despegar.

3. Las antenas se despliegan para detectar las corrientes.

4. Las alas están hechas de una membrana fina y transparente.

5. Arrastra las patas traseras para ser más aerodinámico.

Abejorro en pleno vuelo

Un lío de patas

Estas fotografías muestran insectos con patas de diferentes formas. Lee las descripciones y relaciónalas con las ilustraciones escribiendo la letra correcta en cada casilla.

a. Las patas delanteras del **insecto hoja** parecen hojas; ello le permite confundirse con su entorno.

b. Una **mosca grúa** tiene patas finas y frágiles que se rompen fácilmente.

c. El **grillo topo** usa sus patas anchas y planas para cavar.

d. Un **saltamontes** tiene poderosas patas traseras para huir saltando del peligro.

e. Las patas traseras del **chinche acuático gigante** le sirven para nadar bajo el agua.

   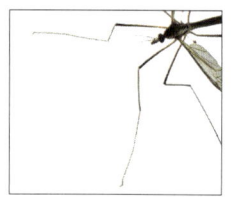

1. .... 2. .... 3. .... 4. .... 5. ....

Bocas hambrientas

Los científicos dividen los insectos en cuatro grupos según su dieta. Los que comen plantas se alimentan de cualquier parte de las mismas. Los depredadores matan y se comen gran variedad de pequeñas criaturas. Los carroñeros comen restos de animales muertos y plantas en descomposición. El último grupo, los parásitos, es especial. Viven encima o dentro de otro animal, su «anfitrión», del que se nutren.

¿Sabías que...?

Los carroñeros, como esta cucaracha, desempeñan un papel vital en el mundo natural, pues limpian toda clase de restos y sobras.

Ejercicio sobre dietas

Rodea con un círculo las palabras correctas que completan las siguientes frases sobre distintas dietas de insectos. Para ello, emplea la información de esta página y de la página 12.

1. Las orugas tienen fuertes bocas **succionadoras / masticadoras** para comer hojas.

2. Las mantis son rápidas **depredadoras / carroñeras** de otros insectos y arañas.

3. Los tábanos usan sus bocas en forma de **porra / aguja** para chupar la sangre.

4. Las cucarachas comen sobre todo restos de comida y **animales vivos / animales muertos**.

5. Las pulgas que chupan sangre son **parásitos / carroñeros** que se encuentran en el pelo de mamíferos como los gatos, perros y conejos.

6. Los áfidos **comen carne / chupan plantas**.

Diagrama de una cadena alimentaria

Este diagrama emplea flechas para mostrar qué come qué en un hábitat determinado, como un bosque o un estanque. Lee las frases de abajo sobre animales y plantas de esta cadena alimentaria. Luego escribe la letra correcta en cada casilla para unir las descripciones con las imágenes.

a.   b.   c.   d.   e.

1. Los escarabajos de tierra se alimentan de otros insectos, sobre todo de orugas.

3. Las orugas tienen un apetito voraz y pueden devorar plantas enteras en poco tiempo.

5. Las verduras son el plato favorito de los insectos que comen plantas y también de sus larvas.

2. Muchas aves de jardín comen escarabajos.

4. Cuando muere un pájaro, los carroñeros, como los gusanos (larvas de las moscas), se comen sus restos.

Actividades

Crecer

Los insectos que se forman por metamorfosis completa tienen vidas muy distintas como larvas y como adultos. Las larvas suelen especializarse en comer y los adultos en criar. Casi todos los insectos que crecen mediante metamorfosis incompleta llevan vidas similares de ninfas y adultos.

¿Sabías que...?

La tijereta hembra es una madre devota. Se queda con sus crías, ninfas de tijereta, durante semanas para protegerlas de los depredadores.

Jóvenes insectos

Cada una de estas imágenes muestra un joven insecto, o ninfa, que se transforma en adulto por metamorfosis incompleta. Lee las frases y escribe el nombre correcto de ninfa bajo cada ilustración.

- Una **ninfa de chinche** parece una copia en miniatura de sus padres. Las crías de algunos chinches se apiñan para defenderse.

- Las **ninfas de caballitos del diablo** viven en estanques y arroyos. Usan estructuras en forma de ventilador llamadas branquias y situadas en la punta de su abdomen para respirar oxígeno bajo el agua.

- Una **ninfa de cigarra** produce espuma para no deshidratarse y para protegerse de sus enemigos. Por eso se las llama «salivazos».

- Una **ninfa de cucaracha** tiene el cuerpo marrón brillante parecido al de un adulto, pero menor y sin alas.

1. ....

2. ....

3. ....

4. ....

La metamorfosis de los insectos

Completa esta tabla que muestra cómo crecen diferentes insectos. Marca las casillas correctas para indicar si cada tipo de insecto se convierte en adulto mediante metamorfosis completa o incompleta. La información de la página 11 te servirá de ayuda.

Grupo de insectos	Metamorfosis completa	Metamorfosis incompleta
Escarabajos		
Grillos y saltamontes		
Mariposas y polillas		
Libélulas y caballitos del diablo		
Moscas		
Hormigas, abejas y avispas		
Chinches		
Cucarachas		

Actividades

Desarrollo de una vanesa

Lee las siguientes descripciones sobre cómo una vanesa (Vanessa atalanta) se transforma de un huevo en un adulto con alas. Dibuja las imágenes que faltan en el ciclo de desarrollo de la mariposa. Consulta las imágenes de la página 11.

Huevo
La vanesa empieza su vida en forma de un diminuto huevo, que es de color verde para que no lo vean las aves hambrientas. A la semana el huevo, que está pegado a una hoja, se rompe y sale de él una oruga.

Oruga
Al igual que muchísimas orugas, la de vanesa solo come una clase de planta. Se alimenta de ortigas, pero no sufre el picor que sentimos nosotros al tocar sus hojas.

Crisálida
Cuando acaba su crecimiento, la oruga se agarra al tallo de una ortiga y se transforma en crisálida. El exterior de la crisálida es muy duro, y en su interior está segura. Allí se convierte en mariposa.

Incubación
A medida que se desarrolla la crisálida, los brillantes colores de la mariposa empiezan a verse a través de sus paredes. Cuando la crisálida tiene unos 10 días, se abre y sale la mariposa adulta.

Mariposa
Recién salida de la crisálida, la mariposa tiene unas alas débiles y flácidas. Por eso se queda quieta mientras la sangre fluye a sus alas y las endurece. Luego despega en busca de flores para beber su néctar.

Actividades

¡El ataque de los insectos!

Los insectos tienen un sinfín de armas. Los escarabajos, las libélulas y las mantis usan sus potentes bocas para dar mordiscos mortales. Los depredadores succionan la vida de sus presas, y los asesinos inyectan veneno en sus víctimas. Las avispas están equipadas con punzantes aguijones. Las hormigas unen sus fuerzas y atacan en grupo.

¿Sabías que...?

La larva de la hormiga león construye una trampa para cazar. Cava un túnel en la arena en forma de embudo y se oculta en el fondo, a la espera de que caigan hormigas.

Insectos depredadores

Usa la información de esta página y la de las páginas de datos al final del libro para contestar estas preguntas sobre insectos depredadores.

1. ¿Qué bicho usa su largo y afilado pico para pinchar a su presa e inyectarle saliva venenosa? ....
2. ¿Qué larva de escarabajo es uno de los depredadores más agresivos de los estanques de los jardines? ....
3. ¿Qué parte del cuerpo emplea la mantis religiosa para agarrar a su presa? ....
4. ¿Las hormigas carpinteras cazan solas o en grupo? ....
5. ¿Cómo logra la avispa cazadora matar a presas más grandes que ella? ....
6. ¿Qué colorido coleóptero come áfidos? ....

Larva de escarabajo acuático atrapando a un pececillo

El aguijón de una avispa

Lee la siguiente explicación sobre cómo una avispa pica a su presa y le inyecta veneno. Tras observar el diagrama para informarte, rellena los espacios con las palabras que faltan. Elige entre:

saco de veneno   lengüeta   bolsa muscular   abdomen

El aguijón de una avispa está al final de su ....

Cuando la avispa atrapa a su presa, saca el aguijón. La afilada .... que tiene en la punta perfora el cuerpo de la víctima. El veneno se almacena en el .... de la avispa. Una fuerte .... bombea el veneno a través del aguijón y lo pasa a la presa.

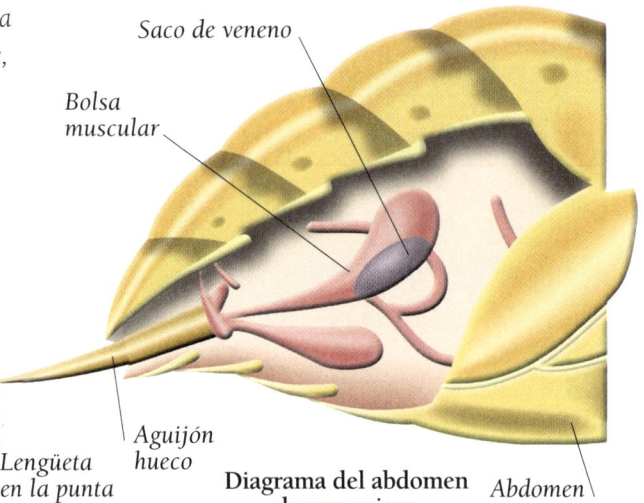

Diagrama del abdomen de una avispa

Defensas de los insectos

La vida de los insectos es arriesgada porque muchos animales se los comen. Sin embargo, tienen muchas defensas para huir de sus depredadores. Algunos usan su velocidad o el camuflaje, otros son venenosos o difíciles de atrapar, y otros engañan o confunden a sus enemigos para escapar.

Actividades

Huir del enemigo

Lee estas descripciones de defensas de insectos. Luego relaciona las imágenes con los textos.

1. Esta **oruga venenosa de Heliconia** está protegida por una larga hilera de puntas venenosas que le crecen en el lomo. a.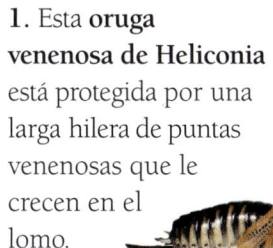

2. El **gran pavón**, mariposa nocturna, tiene unos grandes «ojos» que ahuyentan a los depredadores. b.

3. El **escarabajo bombardero** lanza un chorro de sustancias químicas calientes desde la punta del abdomen. c.

4. Esta **mosca cernícalo** es inofensiva, pero como parece una avispa los depredadores la dejan en paz. d.

5. El **weta de Nueva Zelanda** sacude sus patas traseras en el aire para parecer más grande y peligroso. e.

El escondite

Observa con atención el camuflaje de estos insectos. Luego une con líneas cada uno con el hábitat donde mejor se oculta.

1.
Mariposa hoja seca

a.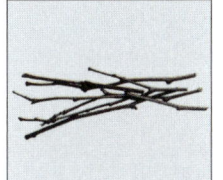

2.
Saltamontes hoja verde

b.

3.
Insecto espina

c.

4.
Polilla moteada

d.

5.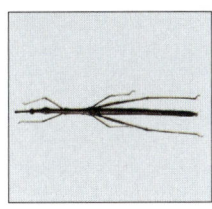
Insecto palo

e.

Actividades

¿Dónde viven los insectos?

Los insectos viven en el mundo entero, pero no están distribuidos de manera uniforme. Prefieren los climas cálidos, así que hay pocos en los polos. Cuanto más cerca del ecuador, más insectos hay. Los bosques tropicales tienen más insectos que cualquier otro lugar de la Tierra.

¿Sabías que…?

Un único tipo de árbol de un bosque tropical puede albergar hasta 1200 especies de escarabajos.

Los hábitats de los insectos

Lee estas descripciones de distintos insectos y los hábitats en que viven. A continuación, rellena los espacios en blanco. Elige las palabras de esta lista:

abejorros   escarabajos del desierto   escarabajos peloteros   grillos de las cuevas   libélulas   mariposa atlas

Bosque lluvioso tropical
La ……………….. vive en los bosques tropicales del sureste asiático. Con 30 cm de envergadura, es la polilla más grande del mundo.

Cueva
A diferencia de los grillos que viven por encima del suelo, los ………………………….. las cuevas son ciegos. Usan sus largas antenas para guiarse en la oscuridad.

Herbazal
Los …………………………….. viven donde hay rebaños de ganado, con cuyos excrementos hacen bolas para alimentar a sus larvas.

Desierto
Los …………………………. casi no necesitan beber, y se alimentan de noche para evitar el calor del día.

Arroyos
Las ……………….. ponen sus huevos en agua dulce. Sus larvas viven en el agua, de donde salen para convertirse en adultos.

Jardín
Las flores atraen a los ……………………., que beben su dulce néctar y se comen su polen.

Actividades

Condiciones extremas

Muchos insectos soportan condiciones muy duras. Sus esqueletos externos los protegen del frío y el calor, el viento y la lluvia, y evitan que se deshidraten. Cuando hace mal tiempo, reducen su actividad para ahorrar energía, y cuando las condiciones son extremas, se paralizan por completo y entran en una fase de descanso.

¿Verdadero o falso?

Lee las siguientes frases sobre la supervivencia de los insectos. Usa la información de los recuadros de esta página y señala en las casillas si las frases son verdaderas o falsas.

	VERDADERO	FALSO
1. Las hormigas pueden moverse incluso en condiciones de calor extremo.	☐	☐
2. Cuando un insecto hiberna, los procesos de su organismo se aceleran.	☐	☐
3. En los estanques pantanosos no hay suficiente oxígeno para que viva ningún animal.	☐	☐
4. En los climas fríos, los insectos sobreviven porque una sustancia química evita que su sangre se congele.	☐	☐
5. En las montañas altas no hay insectos.	☐	☐

Estrategias de supervivencia

Rodea con un círculo la palabra correcta para completar cada frase. Para ello, sírvete de la información que hay en esta página y en la página 9.

1. Los insectos sobreviven a las sequías porque su esqueleto **interno / externo** evita que se deshidraten.
2. Las termitas pueden controlar **la temperatura / la cantidad de luz** de sus nidos de tierra secada por el sol.
3. Los escarabajos acuáticos o buceadores pueden vivir bajo el agua porque acumulan un buen suministro de **aire / comida** bajo sus alas.
4. En los días fríos y húmedos las abejas permanecen en su nido y ahorran energía **reduciendo / aumentando** su actividad.
5. Los nidos de avispa tienen **un solo agujero de entrada / muchos agujeros de entrada** para facilitar su defensa.

¿Sabías que...?

Algunas moscas viven en matas flotantes de vegetación junto a burbujeantes fuentes termales con temperaturas de 43 °C.

Supervivencia

Paisaje ártico

- Durante un experimento, las hormigas permanecieron activas a 65 °C. ¡Los humanos habrían muerto!
- Algunas larvas de moscas viven en estanques fangosos donde casi no hay oxígeno.
- Los insectos del Antártico y el Ártico tienen en la sangre un anticongelante llamado glicerol, sustancia química que los protege contra el frío extremo.
- Las moscas de la piedra y las abejas se han visto en montes a más de 5500 m de altura.
- Cuando los insectos descansan caen en el sueño profundo de la hibernación y se detienen las funciones de su organismo.

Actividades

Insectos sociales

Los insectos sociales viven en un grupo familiar llamado colonia y trabajan en equipo para construir su nido. Los miembros de una colonia se dividen en varias categorías que desempeñan distintas tareas. Las hormigas y termitas son insectos sociales, así como muchas abejas y avispas.

La vida comunitaria

- Una sola hembra, la reina, pone todos los huevos de la colonia.
- Casi todos los miembros de una colonia son obreros que cuidan de los huevos y larvas, recogen comida y reparan el nido.
- En las colmenas, las abejas obreras son siempre hembras.
- Las abejas macho, o zánganos, vuelan en busca de reinas para aparearse y formar una colmena.
- Las hormigas soldado ahuyentan a los enemigos.

Abejas obreras con su reina

¿Verdadero o falso?

Lee las siguientes frases sobre insectos sociales. Usa la información de esta página y marca las casillas según las frases sean verdaderas o falsas.

	VERDADERO	FALSO
1. La labor principal de los insectos obreros es poner huevos.	☐	☐
2. Las hormigas y termitas viven siempre en grupos.	☐	☐
3. Las hormigas soldado protegen al resto de hormigas que viven en su hormiguero.	☐	☐
4. Las abejas obreras suelen ser macho.	☐	☐
5. Un grupo de insectos sociales es una colonia.	☐	☐

La ciudad de las termitas

Cada colonia de termitas construye un nido en forma de montículo que puede alojar hasta cinco millones de miembros. Lee las siguientes frases sobre las características de un termitero y rellena los espacios.

- La gran **celda real** junto a la base del montículo alberga la termita reina, que pone los huevos.
- La gruesa **pared de arcilla** protege contra los depredadores.
- El aire caliente sobrante sale por la **chimenea de ventilación**.
- El aire fresco entra por los **conductos laterales de ventilación**.
- Los huevos y las larvas se hallan en una red de **celdas de crianza**.

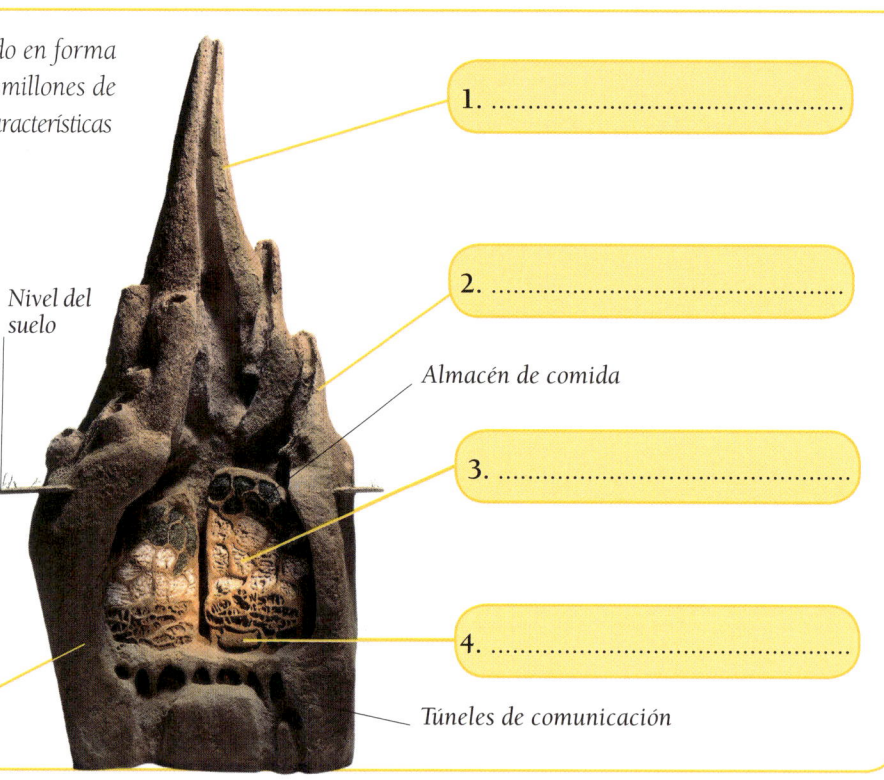

Nivel del suelo

Almacén de comida

Túneles de comunicación

1. ....
2. ....
3. ....
4. ....
5. ....

Actividades

Construir un nido

Los nidos que hacen las avispas comunes los empieza una reina en primavera. Después, más entrado el año, la ayudan las obreras recién nacidas. Observa estas fotografías que muestran cómo se forma un avispero. A continuación, lee las leyendas que hay abajo y numéralas del 1 al 6 en el orden correcto.

☐ **a**. La reina amplía el nido, y de sus huevos empiezan a salir gruesas larvas grises de avispa que crecen en su interior, cada una en su celda.

☐ **b**. A finales del verano el nido es una gran bola hecha de varias capas dispuestas en espiral llena de avispas.

☐ **c**. Luego la reina llena el avispero de pequeños huecos llamados celdas y pone un huevo en cada una.

☐ **d**. En primavera la reina se despierta con hambre, pues lleva todo el invierno durmiendo. Así que sale de caza para aumentar su bajo nivel de energía.

☐ **e**. Cuando las larvas se convierten en avispas, son obreras que añaden nuevas capas de «papel» al nido en expansión.

☐ **f**. La reina mastica trozos de madera y los mezcla con su saliva para fabricar un material similar al papel, con el que construye las paredes de su nido.

1.

2.　　3.　　4.

5.　　6.

¿Juntos o solitarios?

Completa esta tabla marcando las casillas correctas para indicar si un insecto vive en grupo o solo. Para ello, emplea la información de la página anterior. (Una pista: solo los insectos de la página anterior son sociales.)

Insectos	Vive en grupo	Vive solo
Hormiga		
Saltamontes		
Abeja		
Termita		
Mantis		

Actividades

Mariposas y polillas

Estos insectos tienen dos pares de anchas alas cubiertas por miles de diminutas escamas. Los adultos se nutren de líquidos como el néctar de las flores, que succionan con sus largas probóscides (trompas) en forma de tubo.

Rasgos identificativos

- Las alas posteriores de algunas mariposas macho tienen escamas que desprenden un aroma que atrae a las hembras.

Mariposa *Agrias*

- Todas las mariposas vuelan durante el día. Las polillas vuelan de noche, aunque algunas están activas a plena luz del día.
- Muchas mariposas tienen alas de colores. Algunas polillas también, pero casi todas son grises o marrones.
- Las mariposas tienen antenas largas y finas acabadas en una punta redonda. Las polillas tienen antenas más gruesas, rectas y desnudas o plumosas.
- A menos que tomen el sol, las mariposas descansan con las alas plegadas hacia arriba, y las polillas con las alas planas.

Cómo distinguirlas

Lee la siguiente descripción sobre las diferencias entre las polillas y las mariposas. Luego rellena los huecos con las palabras que faltan. Puedes guiarte por la información contenida en esta página. Elige entre:

| de noche | abiertas | llamativos | durante el día |
| plegadas | más gruesas | grises y apagados |

Las mariposas son unos de los insectos más ...., mientras que las polillas tienen colores .... Las polillas pueden verse de noche o ...., pero las mariposas nunca vuelan ....

Las antenas de las polillas son .... en comparación con las de las mariposas. Una de las mejores formas de distinguir entre mariposas y polillas es observar sus alas cuando descansan. Las mariposas lo hacen con las alas ...., pero las polillas mantienen las alas ....

Un comedor para mariposas

 Pide a un adulto que caliente la masa en el paso 2.

Para ver cómo se alimentan las mariposas, puedes hacerles un comedor. Allí se servirá una pegajosa mezcla de azúcar y frutas dulces, el plato energético ideal de las mariposas hambrientas.

¡Pide a un adulto que te ayude a calentar la masa de frutas! Recuerda que las mariposas se muestran más activas con tiempo cálido y soleado, así que abre tu bar un día de verano.

1 Pela y corta un plátano maduro, y luego aplástalo en un cuenco con un tenedor.

2 Mezcla el plátano con azúcar y agua y pide a un adulto que te ayude a calentarlo en una sartén hasta que obtenga una masa dorada y pegajosa. Luego deja que se enfríe.

3 Haz tres agujeros separados entre sí por el mismo espacio cerca del borde de un plato de papel. Atraviésalos con una pita y átala de modo que pueda colgarse.

4 Coloca un poco de la masa de plátano en el plato y cuelga el comedor en el exterior pero a la vista.

¿Cuántas mariposas viste comer en tu comedor cada día? ....

¿Cuántos tipos distintos de mariposas atrajiste? ....

¿Visitaron tu comedor otros insectos? Si es así, ¿cuáles? ....

Actividades

Moscas

Las moscas son acróbatas que vuelan hacia atrás, planean y caminan del revés. A diferencia de otros muchos insectos voladores, solo tienen un par de alas. Hay miles de moscas distintas, incluidas las domésticas, las enanas, los jejenes y los mosquitos.

¿Sabías que...?

Las moscas componen el cuarto orden animal en número: se conocen más de 100 000 especies.

Ciclo biológico

- La mosca azul hembra pone sus huevos en cadáveres.
- De cada huevo sale un gusano sin patas a las 24 horas.
- El gusano se nutre sin parar y crece muy rápido. A los 10 días, se transforma en pupa.
- Dentro de la pupa, el cuerpo del gusano cambia al de mosca adulta, que sale a los 12 días.
- La mosca adulta puede criar un día después de nacer, y vive dos o tres semanas.
- La vida total de una mosca azul es de seis semanas.

La vida de una mosca azul

Muchas moscas tienen vidas muy cortas y completan su ciclo vital, de huevos a adultas, en unas cuantas semanas. Lee los textos de los recuadros sobre el ciclo biológico de la mosca azul. Luego rellena los huecos de la siguiente tabla cronológica para indicar cuánto dura cada fase de su vida.

.... horas	.... días	.... días	.... semanas
Huevo		Pupa	Muerte de la mosca adulta
	Larva		Mosca adulta

Duración total de la vida: ....

Explosión demográfica

Las moscas crían tan deprisa que, en condiciones favorables, pueden aumentar su población de forma increíblemente rápida. Lee el ejemplo de abajo, que muestra el crecimiento de una población de moscas a lo largo de tres generaciones. Luego, con ayuda de una calculadora, calcula cuántas moscas habría en la tercera generación.

1.ª generación (semanas 1–6)
Los padres engendran 200 moscas (100 machos y 100 hembras). La nueva generación tiene 100 parejas que pueden criar.

2ª generación (semanas 7–12)
Las 100 parejas ponen 200 huevos cada una, lo que da un total de 20 000 moscas (100 x 200), por lo que ya hay 10 000 parejas para reproducirse.

3.ª generación (semanas 13–18)
Las 10 000 parejas ponen 200 huevos cada una. ¿Cuántas moscas habría ahora?

....

Confirma tu respuesta en la página 45.

Pasar la bayeta

Rodea con un círculo las palabras correctas para completar cada frase. Usa la información de la página 12.

1. Una mosca doméstica solo come alimentos **líquidos / sólidos**.
2. Antes de comer, la mosca vierte **veneno / saliva** sobre su comida.
3. Eso ayuda a **disolver la comida / matar a su presa**.
4. Luego la mosca utiliza su boca **masticadora / que actúa como una esponja** para succionar su comida.

Actividades

Escarabajos

Son más variados en forma, tamaño y comportamiento que cualquier otro grupo de insectos. Los más pequeños son como la cabeza de un alfiler y los más grandes pesan cinco veces más que un ratón común. Todos tienen una coraza que consiste en unas duras alas anteriores, que se pliegan sobre las posteriores para protegerlas.

Lucha de escarabajos

Rodea con un círculo las palabras correctas para completar cada frase. Para ello, emplea la información de la página 10.

1. Los ciervos volantes macho luchan por **comida / hembras.**
2. Se llaman así por sus **pinzas / mandíbulas,** en forma de cuernos.
3. Primero calculan el tamaño del enemigo con sus **antenas / patas delanteras.**
4. Al empezar el combate, cada luchador intenta **morder / levantar** a su rival.
5. El **ganador / perdedor** acaba en el suelo.

¿Qué comen los escarabajos?

Observa estas ilustraciones de escarabajos y larvas de escarabajo. Luego une cada una con su comida mediante una flecha. La información de esta página y la de las páginas de datos al final del libro te ayudarán.

ESCARABAJOS Y LARVAS   COMIDA FAVORITA

- Larva de mariquita
- Escarabajo *Scaphinotus*
- Gusano de la harina
- Escarabajo Goliat
- Gorgojo del hongo

- Fruta
- Setas
- Caracoles
- Harina
- Áfidos

¿Sabías que...?

El escarabajo jirafa usa su largo cuello en forma de grúa para enrollar hojas y hacerse un acogedor nido. Vive en los bosques tropicales de Madagascar, frente a la costa de África Oriental.

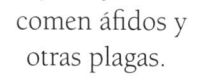

Escarabajo jirafa

La dieta del escarabajo

- Los escarabajos tienen una dieta muy variada, desde presas vivas a animales muertos, cosechas, excrementos, plantas en estado de descomposición, restos de comida e incluso ropa.
- Las larvas de los escarabajos longicornios comen madera; unos microorganismos en su intestino les ayudan a digerirla.
- Varios escarabajos comen setas, como los gorgojos del hongo.
- Algunos escarabajos son una verdadera molestia. Las larvas del escarabajo de la harina se nutren del grano y la harina que se guardan en despensas y almacenes.
- Otros coleópteros son útiles. Las mariquitas y sus larvas comen áfidos y otras plagas.

Un par de mariquitas

Actividades

Chinches

Los chinches tienen dos pares de alas y un aparato bucal en forma de tubo largo con el que perforan y succionan alimento. Muchos usan ese tubo para obtener la savia de las plantas, y otros para beber sangre o los jugos de sus presas. Pueden encontrarse tanto en tierra como en agua dulce.

¿Sabías que...?

Los patinadores son los únicos insectos que hay en el mar. Patinan sobre las olas y comen minúsculos animales que arrastra la corriente.

Caminar sobre el agua

Los zapateros o tejedores viven en agua dulce, deslizándose por la superficie del agua. Para saber cómo pueden caminar sin hundirse, haz el siguiente experimento.

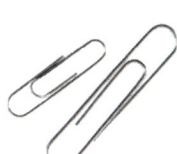

Un zapatero se desliza sobre el agua para atrapar a su presa.

1 Llena de agua un vaso grande y espera a que esté en calma la superficie.

2 Coge un clip con un par de pinzas de depilar y colócalo sobre el agua.

3 ¿Se hunde o flota? ¿Sabes por qué? Lee la página 45 para saber por qué ocurre esto.

La hora de comer

Marca las casillas según el chinche sea depredador o vegetariano. Usa la información de esta página.

	Depredadora	Vegetariana
1. Cochinilla harinosa	☐	☐
2. Zapatero	☐	☐
3. Asesina	☐	☐
4. Fulgórido	☐	☐
5. Patinador del mar	☐	☐

Datos clave

- Los chinches experimentan una metamorfosis incompleta y sus crías son versiones diminutas de sus padres (ver página 11).
- Las acuáticas gigantes son las más grandes; miden hasta 15 cm de largo.
- Las cigarras macho son los bichos más ruidosos del mundo. Sus cantos de cortejo suenan tan fuerte como una sierra eléctrica.
- Los chinches que beben savia, como los áfidos, los fulgóridos y las cochinillas harinosas son plagas de cosechas y jardines.
- En América del Sur el chinche asesino contagia el mal de Chagas, mortal en humanos.

¿Verdadero o falso?

Lee las siguientes frases sobre chinches. Usando la información de esta página marca las casillas según las frases sean verdaderas o falsas.

	VERDADERO	FALSO
1. Todos los chinches son inofensivos para la gente.	☐	☐
2. Las bocas de los chinches son un tubo largo y estrecho, como una cañita.	☐	☐
3. Las cochinillas de la harina son los más grandes.	☐	☐
4. Las cigarras son los insectos más ruidosos.	☐	☐
5. Los chinches tienen cuatro alas.	☐	☐

Actividades

Insectos útiles

Muchos insectos son útiles. De hecho, no podríamos sobrevivir sin ellos. Algunos controlan las plagas que atacan nuestros alimentos y plantas, otros son carroñeros y limpian el espacio de basura y cadáveres. Además polinizan las cosechas y nos brindan productos como la miel y la seda.

¿Sabías que...?

Los escarabajos enterradores ayudan a prevenir enfermedades, pues comen cadáveres de animales.

Ayudantes de la naturaleza

Lee la introducción y los recuadros de esta página y luego completa las siguientes frases sobre cómo ayudan los insectos. Elige entre:

    hilan   machacar   devoran   controlar   polinizar

1. Los escarabajos enterradores ayudan a controlar las enfermedades porque .... cuerpos de animales muertos.
2. Muchas abejas, polillas y mariposas ayudan a .... las cosechas.
3. Los gusanos de seda .... un material que usamos para fabricar ropa.
4. Los depredadores ayudan a .... las plagas de babosas y caracoles.
5. Al .... caparazones de cochinillas se obtiene colorante alimentario.

Productos de insectos

- La seda es una fibra de lujo que hilan los gusanos de seda, orugas de las polillas de la seda.

Colmenas

- Las abejas elaboran miel a partir de néctar y nutren a sus larvas con ella. Casi toda la miel se obtiene de abejas que viven en colmenas. El resto procede de nidos en libertad.
- Las abejas obreras también fabrican cera para construir celdas para las larvas. Con dicha cera se hacen velas que desprenden un dulce aroma.
- Las abejas, mariposas y polillas son importantes en granjas y jardines, ya que ayudan a polinizar las cosechas y ciertas plantas de utilidad.
- Un colorante rojo alimentario llamado carmín se fabrica al machacar el caparazón de las cochinillas, diminutos insectos que se crían en varias granjas especiales de México y Perú.

Fabricado por insectos

Ninguno de estos objetos existiría sin los insectos. Escribe el nombre del insecto que ayudó a producir cada cosa. Ayúdate de la información de los recuadros.

Producto: Pañuelo de seda

Insecto: ....

Producto: Vela

Insecto: ....

Producto: Colorante alimentario rojo

Insecto: ....

Producto: Miel

Insecto: ....

La polinización

Observa atentamente estas ilustraciones de un abejorro polinizando una flor. Luego lee las leyendas de cada imagen y rellena los espacios con las palabras que faltan. Para ello, emplea la información de esta página. Elige entre:

cuerpo velludo   pétalos   probóscide   estambres   antenas

Los .... perfumados atraen a los insectos.

Las .... captan el aroma de la flor.

El .... se cubre de granos de polen.

La .... succiona el néctar de la flor.

Los largos .... contienen el polen de la flor.

Limpieza

Los escarabajos peloteros desempeñan un papel crucial en la naturaleza, pues reciclan los excrementos de los animales y los convierten en comida para sus larvas. Observa estas imágenes y subraya las palabras correctas que completan cada frase.

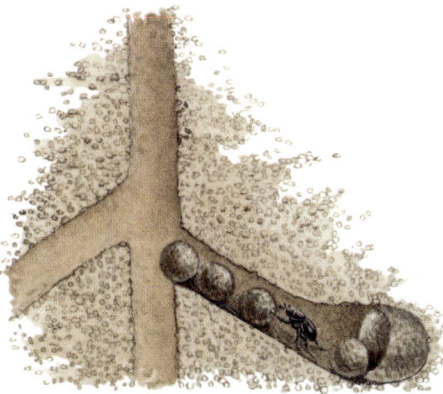

El escarabajo pelotero recoge trozos de excremento de ganado y hace con ellos **un tubo / una bola**, que suele ser **mayor / menor** que el propio escarabajo. Este emplea sus fuertes **patas / alas** para empujarla.

A continuación, construye un **túnel / montículo** como nido y lo llena de excremento para que coman sus **larvas / compañeros**. Finalmente, pone sus huevos y sella la entrada del nido.

Actividades

La polinización

- Las flores se reproducen mediante un intercambio de polen, lo que les permite elaborar semillas. Esto se llama polinización.

- El polen es como un polvillo que contiene las células sexuales masculinas de la planta.

- Los insectos, como las polillas, mariposas y abejas, llevan el polen de flor en flor. Muchas flores tienen los pétalos perfumados para atraer a estas polinizadoras.

Grano de polen (aumentado)

- Un insecto capta el aroma de una flor con sus antenas. Sigue su rastro y al aterrizar se frota contra los estambres de la flor (partes masculinas), que cubren su cuerpo de polen.

- Si luego el insecto visita otra flor, el polen que hay en su cuerpo cae en los estigmas (partes femeninas) de la flor y poliniza la planta.

- A cambio de llevar polen a las plantas, los insectos obtienen el néctar, que beben con sus largas probóscides.

Estambres   *Estigma*

Lirio

Actividades

Insectos dañinos

Muchos insectos son plagas porque dañan nuestras plantas, edificios, ropa y alimentos. Cada año arruinan cerca de un 15 % de las cosechas del mundo. Además, algunos propinan dolorosos mordiscos o picaduras. Y cuando moscas, pulgas y chinches muerden a la gente pueden propagar enfermedades.

¿Verdadero o falso?

Lee las siguientes frases sobre la malaria. Luego, con la ayuda de la información de los recuadros, marca la casilla según las frases sean verdaderas o falsas.

	VERDADERO	FALSO
1. Alguien puede contraer la malaria si le pica un mosquito con el parásito de dicha enfermedad.	☐	☐
2. Los enfermos de malaria mueren por su causa.	☐	☐
3. La malaria es una enfermedad que afecta en lugares con climas cálidos situados en los trópicos.	☐	☐
4. El síntoma habitual de la malaria es la fiebre alta.	☐	☐
5. Sus parásitos se multiplican en el estómago.	☐	☐

Datos de la malaria

- La malaria es una enfermedad causada por un parásito microscópico que vive dentro de los mosquitos en los cálidos países tropicales.
- Cuando un mosquito infectado pica a alguien, el parásito de la malaria entra en su sangre.

Mosquito

- El parásito invade las células del hígado del enfermo, donde empieza a multiplicarse.
- Según se multiplica, la víctima sufre una fiebre muy alta y a veces daño en el hígado, cosa que puede resultar mortal.
- Cada año infecta a 200 millones de personas, de las que mueren 500 000, sobre todo en zonas tropicales de África.

Daños causados por insectos

Observa estas imágenes de daños causadas por insectos. Luego escribe el nombre del insecto responsable de cada daño. Elige entre:

Escarabajo de la despensa   Gusano de la madera   Polilla de la ropa   Oruga

Madera   Suéter   Hoja   Cubito de caldo

1. ....   2. ....   3. ....   4. ....

Actividades

Insectos en peligro

Cada vez hay más insectos amenazados debido a la destrucción de bosques, praderas y pantanos, así como a la conversión de tierra salvaje en cultivada. Los pesticidas químicos los matan en grandes cantidades, tanto si se trata de plagas como de especies inofensivas. Ello mejora las cosechas pero altera el entorno natural del mundo.

Datos del peligro

- Los edificios modernos tienen menos rendijas y recovecos para que avispas y hormigas construyan sus nidos.
- Las libélulas están en peligro a causa del drenaje de pantanos y charcas.
- Los herbicidas destruyen las flores silvestres que nutren a muchas abejas.
- En los bosques tropicales, los escarabajos y mariposas de colores se cazan y venden como recuerdos para turistas.
- La limpieza de árboles muertos en bosques afecta a muchos escarabajos, pues sus larvas se alimentan de madera podrida.

Los herbicidas son un peligro para las abejas.

Test sobre las amenazas

Lee el recuadro que explica algunos de los peligros a los que se enfrentan hoy los insectos. Luego completa las frases con los nombres correctos de los insectos en peligro.

1. La limpieza de árboles en descomposición perjudica a los ....
2. Muchos edificios nuevos no ofrecen cobijo a .... ni ....
3. Algunos .... y .... tropicales están en peligro porque se venden como recuerdos.
4. Drenar las tierras pantanosas pone a las .... en peligro.
5. Las .... se ven amenazadas por el uso de herbicidas.

Crea un refugio para insectos

Los jardines son sitios fabulosos para los insectos, así que, ¿por qué no crear tu propia reserva natural? Lee estos consejos para convertir un jardín en un paraíso de insectos y numera las cajas de modo que cada imagen concuerde con su consejo.

1. No quemes hojas; amontónalas en un rincón tranquilo. Brindarán un escondrijo seguro a escarabajos, chinches y tijeretas.
2. No rocíes las matas con pesticidas. Déjalas crecer libremente y los insectos depredadores se encargarán de mantenerlas limpias.
3. Planta flores aromáticas para atraer a las abejas, mariposas y polillas. La lavanda es una buena elección, pues es fácil de cuidar y tiene unas bonitas flores lilas con un largo tallo.
4. Apila troncos para dar cobijo y alimento a las larvas de escarabajo que se nutren de madera.
5. Corta una caña de bambú en varios trozos cortos y colócalos en una maceta inclinada. Las mariquitas los usarán para hibernar en invierno.

 a.

 b.

 c.

 d.

 e.

Actividades

¿Quién es quién?

Los entomólogos son los científicos que estudian los insectos. Parte de su trabajo consiste en identificar tipos de insectos y clasificarlos en grupos, y cada año descubren miles de especies nuevas. Con su estudio, los entomólogos aprenden más acerca de cómo viven y cómo nos afectan los insectos, lo que nos ayuda a crear nuevas formas de luchar contra las enfermedades y proteger las cosechas.

> **¿Sabías que...?**
>
> Se ha calculado que hay alrededor de un trillón de insectos vivos en todo momento. Eso significa que nos superan en número 170 millones de veces.

Clasificación de insectos

Esta tabla ofrece información sobre los principales órdenes (grupos) de insectos, pero le faltan algunos datos.

Consulta la página 7, donde encontrarás ejemplos de especies, para completar la información que falta.

Imagen	Nombre común	Orden	Número de especies	Datos clave	Especie de ejemplo
	....	Hymenoptera	....	Cintura estrecha, dos pares de alas, muchas especies tienen aguijones, suelen vivir en grandes colonias	Avispa común
	....	Coleoptera	....	Duras alas anteriores encima de las posteriores que las protegen como una armadura	Ciervo volante
	....	Hemiptera	....	Bocas que perforan o bien succionan; la mayoría de las especies tienen alas	Chinche de escudo
	....	Lepidoptera	....	Cubiertas de minúsculas escamas, dos pares de anchas alas, bocas en forma de tubos	Mariposa monarca
	Frigáneas	Trichoptera	15 000	Las larvas viven en el agua y construyen cascarones con piedrecillas; los adultos parecen polillas	Frigánea
	....	Blattodea	4500	Bocas masticadoras, cuerpo plano y oval	Cucaracha gigante

34

Actividades

Imagen	Nombre común	Orden	Número de especies	Datos clave	Especie de ejemplo
	....	*Orthoptera*	....	Cuerpo fuerte, poderosas patas traseras, bocas masticadoras	Grillo
	....	*Odonata*	....	Los adultos tienen un cuerpo alargado, dos pares de alas alargadas y grandes ojos; las larvas viven en agua dulce	Libélula
	T..................	*Dermaptera*	2000	Su cuerpo plano y alargado acaba en un par de pinzas	Tijereta común
	P..................	*Siphonaptera*	2200	Parásitos sin alas que viven en mamíferos y aves, con bocas adaptadas para chupar sangre	Pulga de gato
	....	*Diptera*	....	Un solo par de alas, grandes ojos y boca para morder o succionar	Mosca ladrona
	Mantis religiosa	*Mantodea*	2400	Cuerpo alargado, grandes patas delanteras llenas de espinas, ojos muy grandes	Mantis de las flores
	P..................	*Thysanura*	560	Sin alas, cuerpo esbelto cubierto de escamas plateadas parecidas a las de los peces	Pez de plata común
	I.................. e insecto hoja	*Phasmatodea*	3000	Cuerpo esbelto, en general camuflado para que parezca una hoja o una ramita	Insecto palo
	T..................	*Isoptera*	3000	Vive en grandes colonias, las obreras no tienen alas y poseen un poderoso aparato bucal masticador	Termita

Actividades

Los primeros insectos

Los insectos fueron de los primeros animales que habitaron en tierra. Aparecieron hace 400 millones de años, mucho antes que los dinosaurios, y seguramente fueron carroñeros. Los primeros insectos con alas surcaron el cielo hace más de 300 millones de años. Los insectos sobrevivieron al cambio climático global que mató a los dinosaurios hace 65 millones de años y son unos de los seres más extendidos del mundo.

¿Sabías que...?

La meganeura, especie parecida a una libélula gigante, fue el mayor insecto volador jamás conocido.

La meganeura tenía una envergadura de 75 cm.

Une los insectos con sus fósiles

La fosilización es un proceso por el cual los animales muertos se transforman poco a poco en piedra, o dejan restos como huellas, y se conservan durante millones de años. Observa atentamente los siguientes fósiles de cinco insectos antiguos y une cada uno con el insecto actual.

Fósiles de insectos

a. b. c. d. e.

Insectos vivos

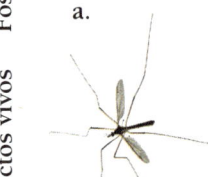    

1. Mosca grúa 2. Mosca 3. Tijereta 4. Libélula 5. Cucaracha

Evolución de los insectos

Lee las siguientes frases sobre la evolución de los insectos. Luego numera las frases del 1 al 4 para colocarlas en orden según los hechos (usa la información de esta página).

Pez de plata

Magnolia

- El pez de plata nos brinda una idea de cómo debían de ser los insectos más antiguos del mundo.
- Las primeras flores de la Tierra ofrecieron alimento a muchos insectos nuevos, como las abejas.
- Los antepasados de los insectos eran diminutos animales marinos.
- Las libélulas aparecieron hace unos 300 millones de años.

Insectos antiguos

- Los insectos proceden de unas pequeñas criaturas marinas que abandonaron el agua hace 420 millones de años.
- Los primeros aparecieron hace 400 millones de años. No tenían alas y se parecían a los actuales peces de plata.
- Las cucarachas y libélulas aparecieron hace 300 millones de años, cuando los bosques cubrían la Tierra.
- Las abejas llegaron tras las primeras plantas con flores, hace 100 millones de años.

Actividades

Estudiar los insectos

Vivimos rodeados de insectos que afectan a nuestras vidas de muchas formas. Por ello, su estudio es una parte crucial de la ciencia. Además, puede ser muy divertido. Todo cuanto se necesita es una mirada atenta y mucha paciencia. Una libreta, una cámara digital y una lupa también serán útiles.

¿Sabías que...?

Una lupa tiene una lente curvada de cristal o plástico que ofrece una imagen ampliada. Con ella podrás ver los insectos con gran detalle.

Un diario de insectos

Una de las mejores formas de estudiar los insectos es observarlos y anotar lo que hacen. Escribe tus datos en esta tabla.

1. Usa las primeras dos columnas para registrar la fecha y el lugar de cada observación que haces.
2. En la columna siguiente anota cualquier comportamiento interesante, como, por ejemplo, si el insecto estaba comiendo.
3. Identifica los insectos con la ayuda de una guía o una página web de insectos y luego escribe sus nombres en la última columna.

Fecha	Lugar	Comportamiento	Insecto

Caza de bichos

Muchos insectos se esconden muy bien, pero con la ayuda de una bandeja se los puede observar mejor. La época ideal para cazar insectos es durante los cálidos días de verano, pues es cuando muchas especies están activas.

 ADVERTENCIA No toques ni cojas ningún insecto, pues pueden morder o picar. Después de observarlos, déjalos libres.

1. Corta un pedazo de papel o cartón blanco para cubrir la bandeja.

2. Coloca la bandeja bajo un arbusto o rama frondosa. Luego agita la planta o rama suavemente con un palo.

3. Retira con cuidado la bandeja para ver qué ha caído en ella. Usa una lupa para gozar de un primer plano de tus insectos. Coloca la bandeja en distintos sitios para ver si caen insectos diferentes y anota sus nombres.

4. Emplea este espacio para dibujar al más interesante.

Cuestionario

Partes del cuerpo y clasificación

Responde a estas preguntas y comprueba las respuestas en la página 46.

1 ¿Cuántas patas tienen los insectos?

- a. Cuatro pares
- b. Tres pares
- c. Dos pares
- d. Depende de la especie

2 La segunda sección del cuerpo de un insecto es su:

- a. Ala
- b. Abdomen
- c. Tórax
- d. Pata

3 Marca las casillas de los dos animales que no son insectos.

- a. Escorpión
- b. Pez de plata
- c. Cigarra
- d. Araña

4 ¿Cuándo aparecieron los insectos en la Tierra?

- a. Hace 400 millones de años
- b. Hace 2 billones de años
- c. Hace 400 000 años
- d. Hace 100 millones de años

5 Los ojos compuestos de una libélula tienen miles de:

- a. Espejos
- b. Pelos
- c. Lentes
- d. Huesos

6 ¿Cuál es el grupo de insectos más grande del mundo?

- a. Chinches
- b. Moscas
- c. Mariposas y polillas
- d. Escarabajos y mariquitas

7 ¿Para qué utiliza sus mandíbulas un escarabajo?

- a. Para aparearse
- b. Para comer
- c. Para volar
- d. Para nadar

8 Marca las casillas de todo lo que hacen las antenas de un insecto.

- a. Oler
- b. Saborear
- c. Encontrar pareja
- d. Respirar

9 ¿Cuáles de estos insectos son los únicos cubiertos de pequeñas escamas?

- a. Polillas y mariposas
- b. Hormigas
- c. Avispas
- d. Tijeretas

10 Selecciona dónde tiene un grillo los oídos.

- a. En la cabeza
- b. En las patas delanteras
- c. En el abdomen
- d. No tiene oídos

Cuestionario

Hábitats y nidos

Responde a estas preguntas y comprueba las respuestas en la página 46.

1 ¿Qué hábitat tiene la mayor variedad de insectos?

- a. El desierto
- b. El campo
- c. Los bosques tropicales
- d. Los jardines

2 ¿Dónde viven los escarabajos buceadores?

- a. En cuevas
- b. En estanques
- c. En el suelo
- d. En acantilados

3 ¿Cuál es el único lugar de la Tierra donde no hay insectos?

- a. Las montañas más altas
- b. El Antártico
- c. Las fuentes termales
- d. El mar profundo

4 ¿La larva de qué insecto cava túneles en árboles muertos?

- a. Escarabajo
- b. Insecto palo
- c. Pulga
- d. Grillo topo

5 Las polillas y mariposas visitan las flores sobre todo para:

- a. Aparearse
- b. Descansar
- c. Comer polen
- d. Beber néctar

6 ¿Cuántas termitas viven en los más grandes termiteros?

- a. 5000
- b. 50 000
- c. 500 000
- d. 5 000 000

7 Un grupo familiar de insectos que viven juntos se llama:

- a. Banda
- b. Especie
- c. Rebaño
- d. Colonia

8 ¿Cuál de estos insectos no es un tipo de abeja?

- a. Reina
- b. Obrera
- c. Ninfa
- d. Zángano

9 ¿Qué insecto cava su nido para que sus larvas vivan en él?

- a. Torito o insecto espina
- b. Escarabajo pelotero
- c. Escarabajo bombardero
- d. Chinche de escudo verde

10 Numera del 1 al 5 los siguientes pasos sobre cómo se forma el nido de una avispa.

- a. La reina pone los huevos en las celdas.
- b. Las obreras cuidan del nido.
- c. Las larvas se convierten en obreras.
- d. De los huevos salen larvas.
- e. La reina construye celdas.

39

Cuestionario

Reproducción y ciclo biológico

Responde a estas preguntas y comprueba las respuestas en la página 46.

1 ¿Cómo se reproducen casi todos los insectos?
- a. Por enjambres
- b. Por reproducción sexual
- c. Por clonación
- d. Por reproducción asexual

2 ¿Qué insectos dan a luz a sus crías?
- a. Escarabajos
- b. Avispas
- c. Áfidos
- d. Moscas

3 Los ciervos volantes que luchan son:
- a. Crías riñendo
- b. Un macho y una hembra que se cortejan
- c. Machos que quieren aparearse con la misma hembra
- d. Hembras que tratan de impresionar a los machos

4 Una oruga se transforma en polilla o mariposa...
- a. En un nido
- b. En un huevo
- c. En una crisálida
- d. Bajo el suelo

5 Las cigarras son chinches que atraen a sus compañeros:
- a. Cantando
- b. Luchando
- c. Con una danza
- d. Con cierta fragancia

6 ¿Cuál de estos insectos no cuida de sus crías?
- a. Termitas
- b. Libélulas
- c. Tijeretas
- d. Hormigas

7 ¿Cuánto tiempo tarda una mosca doméstica en completar su ciclo vital?
- a. Seis meses
- b. Seis semanas
- c. Seis días
- d. Seis horas

8 ¿Cuál de estos insectos crece mediante metamorfosis incompleta?
- a. Las polillas
- b. Las avispas
- c. Los chinches
- d. Las abejas

9 Marca dos modos de diferenciar una cría de cucaracha de sus padres.
- a. No tiene patas.
- b. No tiene alas.
- c. Es de otro color.
- d. Es más pequeña.

10 Numera los siguientes pasos del 1 al 4 para describir el ciclo vital de una mariposa.
- a. Larva
- b. Adulto
- c. Huevo
- d. Crisálida

Cuestionario

Alimentación y defensa

Responde a estas preguntas y comprueba las respuestas en la página 46.

1 ¿Qué comen las orugas de vanesa?

- a. Verduras
- b. Ortigas
- c. Rosas
- d. Hierba

2 Marca dos tipos de insectos con boca succionadora.

- a. Mosca doméstica
- b. Escarabajo Goliat
- c. Mantis religiosa
- d. Chinche asesino

3 Las polillas y mariposas beben néctar con su:

- a. Estambre
- b. Tórax
- c. Probóscide
- d. Espiráculo

4 Marca tres cosas que comen los insectos carroñeros.

- a. Cadáveres
- b. Polen
- c. Plantas en descomposición
- d. Restos de comida

5 ¿Qué permite a la larva del escarabajo longicornio comer madera sólida?

- a. Los microorganismos de su intestino
- b. Veneno
- c. Una sustancia química
- d. Su pegajosa saliva

6 ¿Cómo caza sus presas la larva de la hormiga león?

- a. Caza en grupo.
- b. Tiende una trampa.
- c. Teje una red.
- d. Con su aguijón.

7 Las pulgas son un tipo de:

- a. Herbívoro
- b. Carroñero
- c. Depredador
- d. Parásito

8 ¿Cómo se defiende el weta?

- a. Corre a refugiarse.
- b. Se enrolla en una bola.
- c. Cava un hoyo.
- d. Agita sus patas.

9 ¿Por qué las aves que comen insectos no molestan a las moscas cernícalo?

- a. Sueltan mal olor.
- b. Son venenosas.
- c. Parecen avispas.
- d. Tienen afiladas espinas.

10 ¿Por qué algunas polillas tienen manchas parecidas a ojos en las alas?

- a. Para ver mejor
- b. Para asustar a sus enemigos
- c. Para atraer a sus presas
- d. Para ocultarse mejor

Cuestionario

Insectos en movimiento

Responde a estas preguntas y comprueba las respuestas en la página 46.

1 ¿Qué insectos vuelan más rápido?

- a. Avispas
- b. Mariposas
- c. Polillas halcón
- d. Moscas

2 ¿Dónde están los músculos voladores de un insecto?

- a. En el tórax
- b. En el abdomen
- c. En las alas
- d. Bajo las alas

3 ¿Cuál de estos insectos tiene más de un par de alas?

- a. Jejenes
- b. Libélulas
- c. Moscas enanas
- d. Mosquitos

4 ¿Qué insectos corren más rápido?

- a. Pulgas
- b. Hormigas
- c. Escarabajos
- d. Insectos palo

5 ¿Por qué no se hunde en el agua un zapatero?

- a. Se desliza rápido.
- b. Pesa muy poco.
- c. Se agarra con sus pinzas.
- d. Se sostiene y desliza por la superficie.

6 Marca dos adjetivos que describan las alas posteriores de un escarabajo.

- a. Finas
- b. Gruesas
- c. Transparentes
- d. Pesadas

7 Marca dos clases de insectos voladores que son más antiguos que los dinosaurios.

- a. Frigáneas
- b. Libélulas
- c. Cucarachas
- d. Polillas

8 ¿Cuánto puede saltar una langosta?

- a. 50 cm
- b. 10 m
- c. 2 m
- d. 5 cm

9 ¿Qué insecto pasa la vida entera boca abajo?

- a. Tábano
- b. Gusano de la madera
- c. Saltamontes
- d. Garapito

10 ¿Por qué los saltamontes se frotan las patas contra las alas?

- a. Para prepararse para saltar
- b. Para emitir un canto
- c. Para despegar
- d. Para calentarse cuando hace frío

Gente e insectos

Responde a estas preguntas y comprueba las respuestas en la página 46.

1 Los científicos que estudian los insectos se llaman:

- a. Geólogos
- b. Entomólogos
- c. Hidrólogos
- d. Ornitólogos

2 ¿Cómo se llama la labor de identificar especies y clasificarlas en grupos?

- a. Organización
- b. Separación de especies
- c. Fosilización
- d. Clasificación

3 ¿Qué parte de las cosechas del mundo arruinan los insectos cada año?

- a. Un 15 %
- b. Un 50 %
- c. Un 5 %
- d. Un 1 %

4 ¿Cuál de estos insectos no es una plaga de jardín?

- a. Fulgórido
- b. Cochinilla harinosa
- c. Mariquita
- d. Áfido

5 Numera estos pasos del 1 al 5 para mostrar cómo se propaga la malaria en humanos.

- a. El parásito pasa a la sangre de la persona.
- b. Un mosquito infectado pica a una persona.
- c. El parásito se multiplica rápidamente.
- d. El parásito invade el hígado de la víctima.
- e. La víctima sufre una fiebre muy alta.

6 Marca dos insectos que causen estragos en cocinas y despensas.

- a. Gusano de la harina
- b. Gusano de la madera
- c. Ciervo volante
- d. Escarabajo de la despensa

7 ¿Cuál de estas cosas no suele usarse para estudiar los insectos?

- a. Cámara digital
- b. Telescopio
- c. Lupa
- d. Bandeja

8 Marca dos cosas útiles que hacen las abejas.

- a. Hacen seda
- b. Producen cera
- c. Polinizan las cosechas
- d. Controlan las plagas

9 ¿Cuál es la mayor amenaza para las libélulas?

- a. La tala de árboles
- b. La caza
- c. El drenaje de pantanos
- d. La construcción de carreteras

10 Las abejas silvestres están en peligro a causa de:

- a. El uso excesivo de herbicidas
- b. La quema de hojas
- c. El turismo
- d. Las técnicas modernas de construcción

Soluciones

Soluciones de las actividades

Después de completar cada página de actividades, puedes comprobar aquí tus respuestas.

Página 14
Las partes de un escarabajo
1. Antena
2. Mandíbula
3. Cabeza
4. Tórax
5. Pata delantera
6. Élitro
7. Pata central
8. Ala
9. Abdomen
10. Pata trasera

Dobles de insectos
1. **Polilla**: insecto
2. **Ciempiés**: no es un insecto
3. **Araña**: no es un insecto
4. **Gorgojo**: insecto
5. **Mosca**: insecto

Página 15
¡Avispa en alerta!
… usa su par de **antenas**…
… un gran **ojo compuesto**…
… miles de minúsculas **lentes**…
… hay tres **ojos simples**…
… cubierta con **pelos** sensibles…

Detectar el mundo
1. e 2. d 3. a 4. b 5. c

Página 16
¡El despegue!

Un lío de patas
1. d 2. a 3. c 4. e 5. b

Página 17
Ejercicio sobre dietas
1. Masticadoras
2. Depredadoras
3. Aguja
4. Animales muertos
5. Parásitos
6. Chupan plantas

Diagrama de una cadena alimentaria
1. c 2. d 3. b 4. e 5. a

Página 18
Jóvenes insectos
1. Ninfas de caballitos del diablo
2. Ninfa de cucaracha
3. Ninfa de chinche
4. Ninfa de cigarra

La metamorfosis de los insectos
Escarabajos: completa
Grillos y saltamontes: incompleta
Polillas y mariposas: completa
Libélulas y caballitos del diablo: incompleta
Moscas: completa
Hormigas, abejas y avispas: completa
Chinches: incompleta
Cucarachas: incompleta

Página 20
Insectos depredadores
1. Chinche asesino
2. Escarabajo acuático o buceador
3. Patas delanteras
4. En grupo
5. Con su aguijón
6. Mariquita

El aguijón de una avispa
… al final de su **abdomen**…
… La afilada **lengüeta** que tiene en la punta…
… en el **saco de veneno** de la avispa…
… Una fuerte **bolsa muscular** bombea el veneno…

Página 21
El escondite
1. d 2. a 3. e 4. c 5. b

Huir del enemigo
a. 5 b. 1 c. 4 d. 2 e. 3

Página 22
Los hábitats de los insectos
Bosque lluvioso tropical: mariposa atlas
Cueva: grillos de las cuevas
Herbazal: escarabajos peloteros
Desierto: escarabajos del desierto
Arroyos: libélulas
Jardín: abejorros

Página 23
¿Verdadero o falso?
1. Verdadero
2. Falso. Cuando un insecto hiberna, los procesos de su organismo se ralentizan.
3. Falso. En los estanques pantanosos hay suficiente oxígeno para que los habiten las larvas de las moscas.
4. Verdadero
5. Falso. Varios tipos de insecto pueden vivir en montañas altas.

Estrategias de supervivencia
1. Externo
2. Temperatura
3. Aire
4. Reduciendo
5. Un solo agujero de entrada

Página 24
¿Verdadero o falso?
1. Falso. Solo pone huevos la reina de la colmena.
2. Verdadero
3. Verdadero

Soluciones

4. Falso. Las obreras son hembras.
5. Verdadero

La ciudad de las termitas
1. Chimenea de ventilación
2. Conductos laterales de ventilación
3. Celdas de crianza
4. Celda real
5. Pared de arcilla

Página 25
Construir un nido
1. d 2. f 3. c 4. a 5. e 6. b

¿Juntos o solitarios?
1. **Hormigas**: viven juntas
2. **Saltamontes**: viven solos
3. **Abejas**: viven juntas
4. **Termitas**: viven juntas
5. **Mantis**: viven solas

Página 26
Cómo distinguirlas
… de los insectos más **llamativos**…
… colores **grises y apagados**…
… de noche o **durante el día**…
… nunca vuelan **de noche**…
… de las polillas son **más gruesas**…
… lo hacen con las alas **abiertas**…
… mantienen las alas **plegadas**.

Página 27
La vida de una mosca azul
Huevo: 24 horas
Larva: 10 días
Pupa: 12 días
Adulto: 2–3 semanas
Duración total de vida: 6 semanas

Explosión demográfica
Ahora habría 2 000 000 de moscas, porque las 10 000 parejas reproductoras pondrían 200 huevos (10 000 x 200 = 2 000 000).

Pasar la bayeta
1. Líquidos
2. Saliva
3. Disolver la comida
4. Que actúa como una esponja

Página 28
Lucha de escarabajos
1. Hembras
2. Mandíbulas
3. Antenas
4. Levantar
5. Perdedor

¿Qué comen los escarabajos?
1. **Larva de mariquita**: áfidos
2. **Escarabajo violín**: caracoles
3. **Gusano de la harina**: harina
4. **Escarabajo Goliat**: fruta
5. **Gorgojo del hongo**: setas

Página 29
Caminar sobre el agua
El clip flota en el agua. Eso pasa porque el agua tiene una fina «piel» superficial. Al igual que el zapatero, el clip es muy ligero, por lo que se mantiene sobre la piel del agua sin hundirse. Objetos más pesados, como las monedas, pesan demasiado para que la superficie los aguante, y por eso se hunden y caen al fondo. ¡Pruébalo y verás!

La hora de comer
1. **Fulgórido**: vegetariano
2. **Zapatero**: depredador
3. **Chinche asesina**: depredadora
4. **Cochinilla harinosa**: vegetariana
5. **Patinador de agua salada**: depredador

¿Verdadero o falso?
1. Falso. Algunos chinches, incluidos varios tipos de chinche asesino, pueden propagar enfermedades al morder a los humanos.
2. Verdadero
3. Falso. Las cochinillas de la harina son diminutas. Los chinches más grandes del mundo son los chinches acuáticos gigantes.
4. Verdadero
5. Verdadero

Página 30
Ayudantes de la naturaleza
1. Devoran
2. Polinizar
3. Hilan
4. Controlar
5. Machacar

Página 30
Fabricado por insectos
1. Los pañuelos de seda se hacen con la seda de los **gusanos de seda**.
2. Algunas velas se fabrican con la cera que producen las **abejas**.
3. El colorante alimentario llamado cochinilla (o carmín) se obtiene de los cadáveres machacados de **cochinillas**.
4. La miel la fabrican las **abejas**.

Página 31
La polinización
Los **pétalos** atraen a los insectos.
Las **antenas** captan el aroma de la flor.
La **probóscide** succiona el néctar de la flor.
Los largos **estambres** contienen el polen.
El **cuerpo velludo** se cubre de polen.

Limpieza
El escarabajo pelotero recoge trozos de excremento de ganado y hace con ellos **una bola**, que suele ser **mayor** que el propio escarabajo. Este emplea sus fuertes **patas** para empujarla. A continuación, construye un **túnel** como nido y lo llena de excremento para que coman sus **larvas**. Por último, pone sus huevos y sella la entrada del nido.

Página 32
¿Verdadero o falso?
1. Verdadero
2. Falso. La malaria mata a millones de personas cada año, pero casi todas las infectadas sobreviven.
3. Verdadero
4. Verdadero
5. Falso. Los parásitos de la malaria se reproducen en el hígado de la persona infectada.

Soluciones

Daños causados por insectos
1. Gusano de la madera
2. Polilla de la ropa
3. Oruga
4. Escarabajo de la despensa

Página 33
Test sobre las amenazas
1. Escarabajos
2. Avispas y hormigas
3. Escarabajos y mariposas
4. Libélulas
5. Abejas

Crea un refugio para insectos
1. e 2. a 3. b 4. d 5. c

Páginas 34–35
Clasificación de insectos
Hormigas, abejas y avispas: 150 000 especies
Escarabajos y mariquitas: 400 000 especies
Chinches: 103 000 especies
Polillas y mariposas: 180 000 especies
Grillos y saltamontes: 25 000 especies

Libélulas y caballitos de mar: 6000 especies
Moscas: 160 000 especies

Página 36
Une los insectos con sus fósiles
1. c 2. e 3. b 4. a 5. d

Evolución de los insectos
a. 3 b. 1 c. 4 d. 2

Soluciones del cuestionario

Después de completar cada cuestionario, puedes comprobar aquí tus respuestas.

Página 38
1 b 2 c 3 a, d 4 a 5 c 6 d 7 b
8 a, b, c 9 a 10 c

Página 39
1 c 2 b 3 d 4 a 5 d 6 d 7 d
8 c 9 b 10 a 2, b 5, c 4, d 3, e 1

Página 40
1 b 2 c 3 c 4 c 5 a 6 b 7 b

8 c 9 b, d 10 a 2, b 4, c 1, d 3

Página 41
1 b 2 a, d 3 c 4 a, c, d 5 a 6 b
7 d 8 d 9 c 10 b

Página 42
1 c 2 a 3 b 4 c 5 b 6 a, c
7 b, c 8 c 9 d 10 b

Página 43
1 b 2 d 3 a 4 c 5 a 2, b 1, c 4, d 3, e 5
6 a, d 7 b 8 b, c 9 c 10 a

Agradecimientos

Dorling Kindersley desea expresar su agradecimiento a:

Julie Ferris por la revisión; Derek Harvey por el asesoramiento para la edición de 2020, y Harish Aggarwal y Priyanka Sharma por la cubierta.

Los editores desean agradecer a las siguientes personas e instituciones el permiso para reproducir sus imágenes:

(Clave de las abreviaturas: a=arriba; b=abajo; c=centro; e=extremo; i=izquierda; d=derecha; s=superior)

DK Images: 6 Jerry Young (cla). 7 Jerry Young (ecda: cochinilla). 9 Natural History Museum (Londres) (cda). 10 Natural History Museum (Londres) (ci). 12 Natural History Museum (Londres) (sd); Oxford Scientific Films (bi); Natural History Museum (Londres) (sd). 14 Natural History Museum (Londres) (cd). 15 Natural History Museum (Londres) (bd: insecto b). 16 Natural History Museum (Londres) (bc). 18 Natural History Museum (Londres) (cda) (bd) (cd) (cda). 21 Natural History Museum (Londres) (bi); Jerry Young (cia: insecto 1). 26 Booth Museum of Natural History, Brighton (sd). 28 Natural History Museum (Londres) (bi). 30 Stephen Oliver (bi). 31 Natural History Museum (Londres), EMU Unit (ecda).

34 Natural History Museum (Londres) (cib); Jerry Young (cia) (c: tijereta) (ca: fósil c) (cl: mosca) (cla: fósil b) (cr: libélula). 36 Natural History Museum (Londres) (fcrb); Oxford University Museum of Natural History (ecda: fósil e); Lindsey Stock (bi). 42 James Kuether (cb). **Dreamstime.com:** 28 Rudmer Zwerver (cib: escarabajo *Scaphinotus*).

Las demás imágenes
© Dorling Kindersley

Para más información:
www.dkimages.com

RÉCORDS DE LOS INSECTOS

Récord	Insecto más largo	Insecto más pesado	Insecto más pequeño
Nombre	Insecto palo de Borneo	Escarabajo Goliat africano	Mosca hada
Detalles	Longitud máxima 36 cm	Peso máximo 100 g	0,017 cm de longitud
Hábitat	Bosque lluvioso	Bosque lluvioso	En los huevos de otros insectos
Dieta	Hojas	Savia, fruta	Huevos de insectos

Récord	Corredor más rápido	Insecto más longevo	Mayor saltador
Nombre	Escarabajo tigre	Cigarra periódica	Cigarra espumadora
Detalles	Velocidad máxima 1 m/s	Ciclo biológico de 17 años	Salta más de 60 cm
Hábitat	Zonas cálidas y arenosas	Sus larvas viven bajo el suelo	Vegetación del mundo entero
Dieta	Otros insectos	Sus larvas comen raíces de plantas	Jugos de las plantas

Récord	Mayor enjambre	Batir de alas más rápido	Insecto más peligroso
Nombre	Langosta del desierto	Midge	Mosquito
Detalles	Hasta 40 000 millones de langostas por enjambre	Mosca enana mordedora	Propaga la malaria
Hábitat	Tierras de labranza de África y Asia	Cerca de agua dulce	Climas cálidos del mundo entero
Dieta	Cosechas	Sangre, néctar	Sangre, néctar

Récord	Mejor sentido del olfato	Insecto más ruidoso	Apetito más voraz
Nombre	Mariposa luna de la India	Cigarra africana	Oruga de polilla polifemo
Detalles	Huele a un compañero a 11 km	Sus cantos alcanzan los 106 decibelios	Come 86 000 veces su peso en 2 meses
Hábitat	Asia tropical	Bosques	Bosques, huertos
Dieta	Sus orugas comen hojas	Sus larvas comen jugos de plantas	Hojas de árboles

INSECTOS DEPREDADORES

Depredador	Mariquita de siete puntos	Mantis de las flores	Chinche asesino
Presa	Áfidos	Mariposas, abejas	Otros insectos
Método para matar	Poderosas mandíbulas	Golpea con las patas delanteras	Inyecta saliva venenosa
Dimensiones	8 mm	Hasta 8 cm	4 cm
Hábitat	Campos y jardines	En las flores	Vegetación tropical

Depredador	Avispa cazadora	Hormiga obrera de la madera	Larva del escarabajo buceador
Presa	Gorgojos	Cualquier presa pequeña	Insectos, renacuajos, peces
Método para matar	Aguijón venenoso	Caza en grupo	Poderosas mandíbulas
Dimensiones	2 cm	1 cm	Hasta 6 cm
Hábitat	Zonas arenosas	Bosque	Estanques

Depredador	Avispa cazadora de arañas	Libélula emperador	Escorpión de agua
Presa	Tarántulas	Moscas, moscas enanas, jejenes	Insectos, peces
Método para matar	Aguijón venenoso	Atrapa a sus presas en el aire	Patas delanteras como tenazas
Dimensiones	Hasta 7 cm	8 cm	2 cm
Hábitat	Desierto	Estanques, arroyos	Estanques

Depredador	Escarabajo *Scaphinotus*	Mosca ladrona	Escarabajo errante
Presa	Caracoles	Otros insectos	Larvas de escarabajo, gusanos
Método para matar	Muerde con grandes mandíbulas	Inyecta saliva venenosa	Fuertes mandíbulas
Dimensiones	2 cm	Hasta 1,5 cm	2 cm
Hábitat	Bosque	Pradera	Excrementos de animales